한 단어 사전, 문화文化

한 단어 사전,
문화

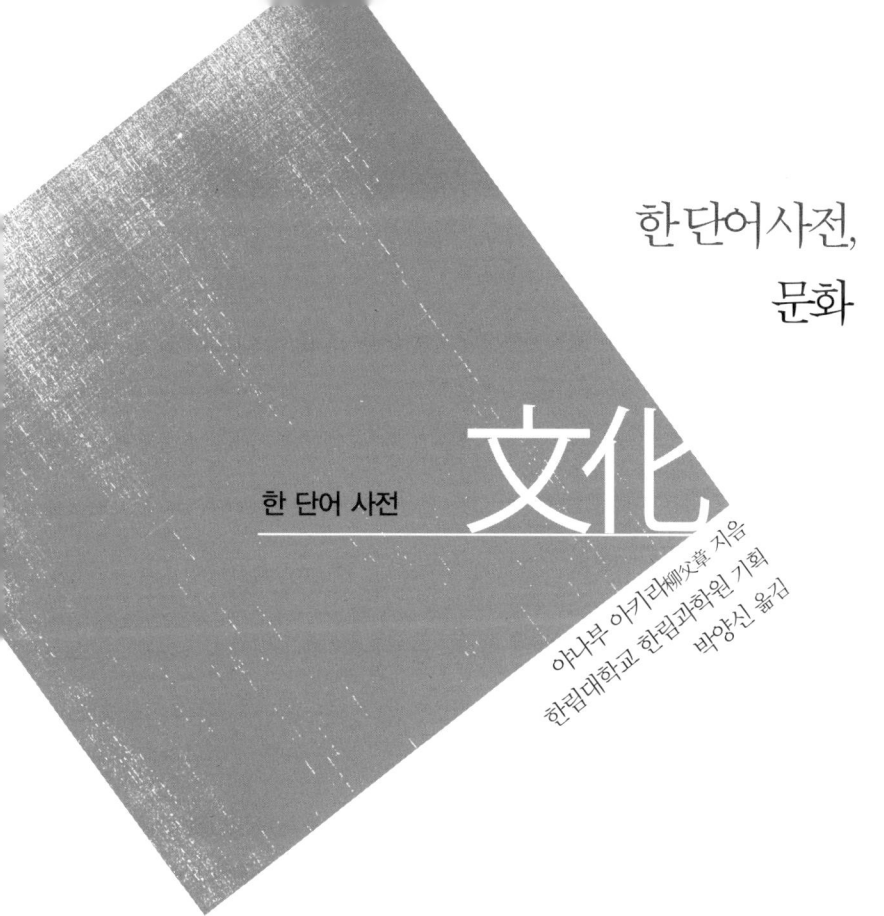

한 단어 사전

文化

아나부 아키라(柳父章) 지음
한림대학교 한림과학원 기획
박양신 옮김

푸른역사

한 단어 사전을 펴내며

한 마디 말에 역사가 있다. '자연'도 '나라'도 '기술'도 시대와 함께 그 의미를 변화시키고 또 시대의 층을 헤쳐 나옴으로써 의미 내용을 풍부하게 해왔다. 부정적인 의미가 긍정적인 것으로 변화하는 경우도 있다. 예를 들어 '와비わび(한적한 정취)·사비さび(예스럽고 차분한 아취)'가 그렇다. 이와 반대로 예전에는 성전聖戰으로서 긍정적인 의미를 띠었던 '전쟁'이 오늘날에는 부정적인 뉘앙스를 지니고 있다. 한 단어, 한 단어가 역사와 함께 살아 숨 쉬고 있다.

많은 언어가 다른 문화의 영향을 받는다. 현대 일본어는 예로부터 전해져 내려오는 일본어(야마토 고토바)와 중국에서 유입된 한자漢字·한어漢語로 이루어져 있다. 무로마치室町 이래, 특히 막부 말기·메이지 이래의 구미어歐美語에서 온 번역어와 구미어를 가나カナ문자로 표기한 외래어가 여기에 더해졌다. 번역어나 외래어의 의미 내용은 원어의 그것과 반드시 일치하지는 않는다. 그 차이는 문화의 차이를 예민하게 반영한다. 예컨대 메이지 초기에 번역어로 채용된 '자유'는 오해를 피하기 위해 주석이 필요할 정도였다.

번역은 말의 엄밀한 정의 위에서 행해진다. 원어와 번역어에 내재되어 있는 각각의 풍토 차이도 고찰의 대상이 된다. 이러한 작업을 필요로 하지 않는 외래어의 무한정한 유행은 바람직한 현상이라고 할 수는 없을 것이다.

오늘날에는 또한 말의 조작에 의한 대중 조작 현상도 보인다. 말의 의미를 고의적으로 왜곡시키고, 계획적으로 특정한 말이 유행하도록 만든다. 말에 대한 무감각을 조장하는 이러한 유행 현상은 원래는 문화나 우리 자신의 사회 생활과 아무런 관계도 없는 것이다.

말은 그 지시 작용을 통해 사물과 교류하지만, 그와 동시에 정의 이상의 맛을 내포하며 우리들 속에서 살아 숨 쉰다. 한 사람, 한 사람이 자신의 말로 말하고 인간으로서의 본 모습을 보다 풍요롭게 만들기 위해 우리는 한 단어 한 단어의 내력을 더듬고 그것을 역사적·문화적인 시야 속에서 검토하지 않으면 안 된다.《한 단어 사전》의 시도가 그 일에 조금이나마 도움이 되었으면 한다.

차례 | 한 단어 사전, 문화文化

'문화 국가'의
시대

文
化

'문화' 의 대유행

1945년 2차 세계대전 패전 직후부터 한동안 '문화' 라는 말이 주로 일본 지식인이나 정치가 등 사이에서 유행되었다.

8월 15일 포츠담선언을 수락하고 나서 얼마 지나지 않은 9월 6일 당시의 히가시쿠니 나루히코東久邇稔彦(1887~1990)[1] 수상이 의회에서 시정 방침 연설을 했고, 이것이 《아사히朝日신문》에 크게 보도되었다. 패전국 정부의 첫 공식 태도 표명이었기에 겨우 2면밖에 없었던 당시의 귀중한 지면에서 1면의 반 이상을 사용해 그 연설 내용을 소개한 것이다. 표제는 가로로 크게 〈만방공영萬邦共榮 문화일본의 재건설〉로 뽑았는데, 군국주의는 이제 그만, '문화' 야말로 향후 일본의 목표라는 것이다.

그런데 여기서 조금 주의를 환기시키자면 수상의 이 연설 속에서 '문화' 라는 단어의 사용 횟수는 총 3회로 연설 전체를 통해 문화는 결코 중심 테마가 아니었다. 요컨대 이 신문의 편집자가 아마도 독자적인 판단으로 이런 표제를 뽑았으리라 생각된다. 이것이 무슨 소리인고 하면 '문화' 유행의 중심은 전쟁 전의 다이쇼大正 시기(1912~1926)부터 학자나 저널리스트 등의 지식인이며 정치가 등의 실무가는 그것을 추종했다는 것이다. 이에 대해서는 뒤에 또 자세히 서술하기로 하겠다.

'문화'는 그후 한동안 신문 지상에서 커다란 화제가 되었다. 우선 9월 10일 마에다 다몬前田多門(1884~1962)[2] 문부대신이 라디오 방송에서 "문화 일본을 건설하기 위해 과학적 사고력을 키우자" 하고 청년 학도들에게 고했다고 소개되어 있다. 또 9월 16일 수상은 미국인 특파원의 질문에 답하며 "군국주의를 일소하고 도의심이 높은 문화국으로"라고 말했다고 《아사히신문》의 1면에 크게 보도되어 있다. 다음으로 9월 21일자 2면의 톱으로 〈문화 외교 '음악제音樂祭로'〉라는 제목의 기사에서 음악가들의 동향을 전하고 있다. 이어서 작가들이 '신일본건설문화연맹'을 발족시키고 10월부터 잡지 《문화》를 발간할 예정이라고 전하고 있다. 10월 1일자 같은 신문 2면의 톱에는 〈신일본 건설을 위한 문화 기사騎士의 해방〉이라는 제목으로 전시에 특별고등경찰에 체포되었던 '문화인'의 석방을 요구하는 기사가 실려 있다. 10월 18일에도 역시 2면의 톱에 〈살기 좋은 문화 국가, 빈민도 없고 부자도 없다〉라는 제목의 기사로 스웨덴의 국정이 소개되었다.

그러나 이 무렵부터 미국 점령군의 이데올로기인 '민주주의'나 '민주화'가 지면에 크게 나타나게 된다. 예로부터 전해 내려오는 이데올로기인 '문화'는 선드러지게 등장한 미국 도래의 관념 앞에서 다소 위축되는 분위기이다.

이듬해인 1946년 1월 1일 이른바 천황의 인간 선언[3]이 조서라는 형태로 발표되었다. 첫머리에 메이지明治 천황의 5개조 서문誓文[4]이 인용되고, 그 뒤를 잇는 글 속에 "……관민 모두 평화주의를 관철하고 교양 문화를 구축하고"라는 대목에서 '문화'가 나온다. 그런데 이 조서를 받고 이튿날인 1월 2일 문부대신이 학교장 등에게 훈령을 내렸는데, 이것 역시 《아사히신문》에 소개되어 있다. "천황 폐하께서는 문화적 평화 국가 건설에 매진해야 하는 새해 첫날을 맞아 이례적인 조서를 환발하시어……"라고 해서 여기서도 '문화'가 강조되었다. 그러나 그 다음날인 3일 점령군 총사령관인 맥아더 원수가 이 조서에 대한 성명을 발표했는데, 그것이 1면의 톱에 〈천황, 민주화에 솔선, 맥아더 원수가 만족의 뜻 표명〉이라고 실려 있다. 여기서도 '문화'와 '민주'가 서로 싸우는 단어의 드라마를 볼 수 있다.

'문화'의 어원

미국은 컬처culture를 사상의 단어로서 목표에 내세운 적이 전혀 없다고 말해도 좋을 것이다. 미국인이 좋아하는 말은 우선 democracy(민주주의)나 freedom(자유), 혹은 American way of life(미국적 생활 양식) 등이며, 컬처는 유럽에서 사용하는 사상의 단어이다. 특히 독일어인 쿨투어Kultur가 중요한데, 일본의 지식인들도 이 독일의 쿨투어로부터 '문화'의 의미를 받아들이고 있었다. 그것은 다이쇼 시기 초기부터의 일로 쇼와昭和(1926~1989) 군국주의의 전시중에도 계속 생존하며 전후에까지 이르고 있었다. 예컨대 '문화' 훈장이 제정된 것은 중국 침략에 돌입하기 직전인 1937년의 일이었다.

본래 독일의 쿨투어는 군국주의와 대립하지 않는다. 오히려 양립한다. 특히 1차 세계대전에서 독일은 정면으로 쿨투어를 내걸고 싸웠다. 그 영향이 당연히 일본에도 미쳐 예컨대 1차 세계대전 중인 1914년에 독일 유학에서 돌아온 오야마 이쿠오大山郁夫(1880~1955)[5]는 2년 뒤인 1916년에 〈군국적 문화국가주의—독일 국민생활의 일면〉(《新小說》 6월호, 春陽堂)이라는 논문을 썼다. 당시 일본은 일단 연합국 측에 가담하고 있었지만 전장에서 멀리 떨어져 있었고, 메이지明治 시기(1868~1912) 이래 근대화의 모델로 삼아 온 독일에 대해서는 대전 중에도 친근감을 느끼는 사람들이 많았던 것 같다. 오야마는 이 논문에서 군국주의적 문화 국가인 독일을 모델로 삼자고 주장하고 있다. 오야마는 이 무렵의 일본에 쿨투어의 번역어로서 '문화'라는 말을 유행시킨 중심 인물 중 하나이다.

쿨투어나 컬처는 원래 군국주의나 무력과 대립하는 말이 아니다. 그것은 '경작하다'라는 뜻의 라틴어 colere를 어원으로 하고 있고, 인위적으로 자연을 바꾸어 간다는 것이므로 Natur나 nature와 대립한다. 본래 쿨투어는 군국주의와 대립하지 않는다 하더라도 반드시 군국주의와 결합하는 것도 아니다. 오야마 이쿠오가 앞의 논문에서 쓰고 있듯이 "문화는 국가의 목적이며 힘은 그 수단이다"라고 하는 관계의 결합이다.

그런데 일본어의 '문화'는 서양어의 번역어로 사용되기 전부터 중국에서 도래한 오랜 역사를 갖고 있다. 《대한화사전大漢和辭典》(諸橋轍次, 大修館, 1959~1961)에 의하면 '문화'에 대한 설명은 우선 "형벌, 위력을 사용하지 않고 인민을 교화하는 것. 문치교화文治教化"라고 되어 있다. '형벌, 위력', 즉 무력은 아니라는 것이 첫 번째 의미이고 '문文'은 '무武'와 대립한다. 중국 고대의 문왕, 무왕의 전승 이래 일본인에게도 친숙해진 의미이다. 즉 '문화'라는 말에는 중국의 한적漢籍에서 도래한 의미와, 근대 이후의 서양어 쿨투어 등의 의미가 혼재해 있었다.

그리고 쇼와 시기 패전 직후의 '문화 국가'론의 유행은 '군국주의는 더 이상 안 된다. 자, 이제부터는 〈문화〉다'라는 것으로 아무래도 다분히 중국에서 도래한 의미에 의거하고 있었다고 생각된다.

다른 한편으로 '문화'가 쇼와의 군국주의 시대 속에서 살아남아 이윽고 다시 한 번 꽃을 피울 수 있었던 것은, 군국주의와 양립할 수 있는 '문화'라는, 독일에서 온 쿨투어의 의미에 의거하고 있었을 것이다.

독일적 '문화 국가'

　패전 직후의 '문화'는 곧 미국의 '민주주의'의 등장으로 서로 다투다가 점차 위축되어 갔다고 기술했는데 문화와 민주주의는 각각 그 태생이 독일과 미국으로 나누어져 있었을 뿐만 아니라 일본에 있어서의 지지층에도 차이가 있었다. '민주주의'가 미점령군의 정책에도 작용해 '민주화'나 '민주 운동', '민주 전선' 등 널리 민중의 말이 되어가고 있었던 데 반해, '문화'는 전쟁 전의 1910년대 이래 학자, 저널리스트, 정치가 등 비교적 소수 엘리트의 용어였다. 그러면 당시 엘리트들의 거점이었던 잡지《중앙공론中央公論》(中央公論社)의 '문화론'을 살펴보기로 하자.

　《중앙공론》의 1946년 4월호에는 학자였다가 이윽고 문부대신이 되는 모리토 다쓰오森戸辰男(1888~1984)[6]의 〈문화 국가론〉이 실려 있다. 그 첫머리에서 모리토는 이렇게 말하고 있다.

　다시 한 번 국제 사회로 확장해 가는 일본의 모습은 문화 국가여야 한다는 점에 대해서는 신기할 정도로 국론이 일치되어 있다. 게다가 이것은 직접 포츠담선언의 지시에 따른 것이 아니고 또 새해 첫날의 조서 속에 문화 일본이 지시되어 있기 때문도 아닌 것 같다.

　확실히 적어도 이 잡지와 같은 논단에서 '국론'을 논하는 사람들 사이에서는 패전 후의 한정된 기간에 '국론이 일치되어 있'었다.

그리고 왜 이렇게 국론이 일치해 있는가에 대해서 모리토는 이렇게 설명하고 있다.

즉 우리나라는 패전국으로서 당분간은 무력적으로는 물론 정치적으로나 경제적으로도 유력 국가로서 국제 무대에 다시 진출할 가망성이 없다, 문화 국가야말로 남겨진 유일한 길이 아닐까라는 것이다. 일찍이 나폴레옹 전쟁에서 패한 독일은 "프랑스는 육지를 지배하고, 영국은 바다를 지배하며, 독일은 하늘을 지배한다"고 하며 스스로를 위로했다고 하지만, 현재 하늘(학술 사상)을 지배하고 있지 않은 일본은 이것을 장래에 기대하며 문화 국가를 제창함으로써 스스로를 위로하고 격려하고 있다.

여기서 논자가 마치 자연스럽게 사고가 흐르듯이 독일을 생각해 내고 모범으로 삼으려 하고 있는 것은 논자들이 생각하는 '문화' 국가의 정체를 밝혀 주고 있다.

같은 잡지의 그해 10월호에 사이구사 히로토三枝博音(1892~1963)[7]는 〈문화의 노아의 홍수〉라는 제목의 글을 기고했다. 제목에서 알 수 있듯이 '문화' 혹은 '문화' 론은 대유행이었던 것 같다. 그리고 그 마지막 부분에서 사이구사는 이렇게 쓰고 있다.

이미 늦은 것일까. 우리는 그렇게 생각하고 싶지 않다. 상당한 정도까지 흠뻑 적신 독일의 홍수에 빠지는 것은 이제부터이다. 영세성의 일본에는 영세성의 문화 경정更正의 홍수밖에 오지 않았던 것이다. 혹은 독일은 행복의 기반을 만들어 놓았는지도 모른다.

언뜻 봐서는 무슨 말을 하고 있는지 의미가 잘 통하지 않지만 왠지 모르게 직감적으로 이해할 수 있다. 요컨대 어떤 시대의 어떤 사람들에게 '독일의 쿨투어' → '문화'의 무게가 그만큼 컸다는 것이리라.

좌익의 문화론

이 해의《중앙공론》에는 특히 '문화' 론이 많은데, 집필자 중에는 좌익계의 사람들도 꽤 있었다. 그중 하나인 구라하라 고레히토 藏原惟人(1902~1991)[8]는 〈정치와 문화〉라는 제목으로 다음과 같이 말하기 시작한다.

우리나라의 문화인들 중에는 정치적 혐오증이라고도 할 만한 비정치주의적인 경향을 지니고 있는 사람이 매우 많다. 그 사람들은 정치에 관여하고 정치에 대해 말하는 것을 문화인으로서 뭔가 적절치 않은 행동인 것처럼 생각해 왔다. 이것은 유럽의 대부분의 문화인이 대담하고 솔직하게 자신의 정치적 견해를 발표하는 것과 현저한 대조를 이루고 있다. 예를 들어 영국의 H. G. 웰스, 버나드 쇼, 프랑스의 로맹 롤랑, 아나톨 프랑스, 앙리 바르뷔스, 앙드레 지드 등의 작가 이름을 들으면 곧바로 그들의 정치적 경향을 연상하지만, 일본의 작가나 문화인의 경우에는 종래 그러한 연상이 매우 희박했다(《中央公論》1946년 2월호).

일본의 문화인이 갖고 있는 이러한 '정치적 혐오증'의 경향에 대한 비판은 전적으로 맞는 말이며, 이러한 경향은 뒤에서도 서술하겠지만 바로 독일의 쿨투어의 영향이었다. 이 글 속에서 '정치적 혐오증'과는 반대로 정치에 적극적인 서양 문화인의 이름이 거론되고 있지만 모두 영국인, 프랑스인이며 독일인은 없다. 독일의 쿨투어가 군국주의와 결합할 수 있었던 것은 오히려 쿨투어가 군국주의를 포함한 정치에 초연했기 때문이며, 이는 영국의 컬처나 프랑스의 뀔튀르culture가 정치에 적극적으로 관여하고 비판하는 전통을 지니고 있는 것과는 달랐다.

《중앙공론》1946년 3월호에서는 가자하야 야소지風早八十二 (1899~1989)[9]가 〈민주 전선과 문화 전선〉이라는 제목의 글을 쓰고 있다. 제목이 보여 주는 바와 같이 '민주'와 '문화'를 결합시키려 하는 것이 정말로 당시의 시류에 잘 들어맞는다. 그리고 그는 "민주적 문화 전선으로 끌어들여 절차탁마시키는 것이야말로 새로운 민주적 과학문화인의 임무여야 한다"고 주장하고 있다. 또 7월호에는 이와카미 준이치岩上順一(1907~1958)[10]가 〈문화 혁명과 문학의 과제〉라는 제목으로 글을 쓰며 "민주 혁명에 참가하기 위한 자기 변혁은 혁명 이론의 섭취에 의한 자기 비판만으로는 이룰 수 없다. 그것은 문화 혁명에의 실천적 참가를 통해서만 완성된다"라고 주장하고 있다.

문화인에 있어서의 '문화' 의 비중은 여전히 높았고, 아직도 계속되고 있었다. 그러나 다른 한편으로 '민주' 의 물결이 점차 압도적으로 커지고 있었다. 여기에는 미국 점령군의 영향뿐만 아니라 소비에트 연방을 선두로 하는 국외의 움직임도 작용하기 시작했다. 이 시기의 일본 '문화' 인들 사이에 '문화' 와 '민주' 를 하나로 연결시키려는 경향이 있는 것은 자연스러운 추세였다.

'문화' 와 일본국헌법

일본에서는 2차 세계대전 패전 이듬해인 1946년에 의회 구성을 위한 총선거가 치러지고 신헌법이 제정되었다. 그 신헌법 속에 '건강하고 문화적인' 이라는 유명한 문구가 삽입되었다. 그 경위를 살펴보자.

3월 7일 헌법 개정을 촉구하는 천황의 칙어가 발표되었다. 짧은 문장 속에 '민주' 는 없지만 '문화' 라는 단어는 들어 있다. "일본 국민이 정의의 자각하에 평화로운 생활을 향유하고 문화의 향상을 희구하며 나아가 전쟁을 포기하고……"라고 되어 있다. 이 천황의 발의에는 물론 그 배후에 점령군 총사령관의 의도가 숨어 있었지만, 당시에는 그것을 표면에 드러내지 않는다는 것이 원칙으로 되어 있었다. 칙어의 문장은 점령군의 뜻을 받아들여 천황 자신이 아닌 측근이 작성했다. 전통적으로 한학자가 문장을 쓰고 있었던 것 같다. 여기에 쓰인 '문화'는 아마도 점령군의 의도와는 다른, 일본의 지식인과 지도층이 지니고 있던 '문화' 의식을 받아들이고 있었을 것이다. 그와 동시에 이 단어에는 한학자가 이해하는 전통적인 한적漢籍에서 온 의미도 담겨 있었을 것이다. 그것은 "문화의 향상을 희구하며 나아가 전쟁을 포기하고"라는 문맥으로 미루어 짐작할 수 있다. '무武'에 대한 '문文'이다.

새로 선출된 의회에 헌법 초안이 제출되고 심의가 시작되었다. 일본 정부의 초안의 밑바탕에는 맥아더 총사령관의 초안이 있기 때문에 의회에서도 개정이 쉽지 않았다. 한 단어, 한 구절마다 총사령부의 지시를 구했다. 그러한 경위로 간신히 몇 가지 개정이 이루어졌는데, 그중에 제25조 1항 "모든 국민은 건강하고 문화적인 최저한도의 생활을 영위할 권리를 갖는다"가 있었다. 이것은 초안에는 없었지만 사회당의 제안으로 첨가되었다. 이른바 생존권이라는 독일 바이마르헌법에서 유래하는 규정이다. 이 사회당 제안의 배경에는 7인의 학자로 구성된 헌법연구회[11]가 제시한 "국민은 건강하면서 문화적 수준이 높은 생활을 영위할 권리를 갖는다"는 조항이 있었다고 한 법률학자가 지적하고 있다.

그런데 1919년 독일의 바이마르헌법에 따르면 이 일본국헌법이 모범으로 삼았던 제151조는 "경제 생활의 질서는 모든 사람에게 인간다운 생활을 보증하려는 목적을 지닌 정의의 원칙에 적합해야 한다"고 되어 있다. 전체적인 취지는 분명히 일본국헌법과 똑같지만 '인간다운'이 '건강하고 문화적인'으로 바뀌었다. 특히 이 '문화'라는 단어가 역시 독특하다. 법률 문구로서는 확실히 애매하다. 최저의 물질적 생활의 보증이 아닌 보다 정도가 높은, 예컨대 음악을 듣는다든가 컬러 텔레비전을 본다든가 하는 '수준'을 말하는 것이겠지만 이것은 시대에 따라, 환경에 따라 달라질 것이고, 구체적으로 재판에서 다투게 될 때 그 개념이 크게 문제가 될 것이다. 사실 그후 되풀이해서 이것은 법정이나 학계에서 논쟁거리가 된다. 이 독특한 헌법 용어인 '문화'는 일본인의 발명이었다. 그후 1948년에 유엔에서 채택된 세계인권선언은 생존권의 규정 등에서 '문화적 권리'라는 말을 빈번히 사용하게 되는데, 일본국헌법은 그에 앞서 있었던 셈이다.

'문명'의
유래

文
化

❖

'시빌리제이션'의 어원

필자가 앞에서 쇼와 패전 후의 '문화'는 다이쇼 시기 초기의 독일어 쿨투어에서 비롯된 번역어라고 말했지만 한적에서 도래한 '문화'의 역사는 물론 그보다 훨씬 더 오래되었다. '문화'라는 연호[12]도 에도江戸 시대(1603~1867) 말기에 존재했다. 그리고 근대 이후에도, 쿨투어의 번역 이전에도, 메이지 시기에 소수이기는 하지만 '문화'의 용례가 발견된다. 그것들이 컬처 등의 번역어가 아니었을까 하는 의문이 들어 조사해 나가면 또 하나 시빌리제이션 civilization이라는 단어가 막부 말기 이래 연신 소개되고 있는데, 이것은 대개 '문명'으로 번역되고 있지만 때로는 '문화'로도 번역되고 있었다.

근대 이후에 있어서의 '문화'라는 말의 기원을 더듬어 가다 보면 영어의 civilization 혹은 프랑스어의 civilisation이라는 말, 그리고 그 번역어로 사용된 일본어의 '문명'이라는 말과 맞닥뜨린다. 그러면 여기서 잠시 civilization이나 '문명'이라는 말의 역사를 살펴보기로 하자.

　현재 일반적으로 '문명'으로 번역되는 영어의 civilization이라는 말은 시빌라이즈civilize라는 동사의 명사형으로 라틴어의 cīvīlis(시민의), 그리고 cīvīlitās(예의 바름)에서 유래하고 있다. 영어에서 시빌라이즈의 명사형은 옛날에는 시빌리티civility 쪽이 흔히 사용되고 있었다. 시빌라이즈의 기원은 형용사인 시빌civil이고 시빌의 기원은 시티city, 즉 '도시'라는 의미이다. 서양의 시티는 중세 시대에 발달했는데, 그 주위가 성벽으로 둘러싸여 있는 경우가 많았다. 성벽은 시티와 그 외부를 확연히 갈라 놓는다. 시티의 외부는 uncivilized, 즉 '바바리안barbarian이 사는 곳, 미개·야만의 땅'이다. '미개·야만'에 대한 '예의 바름'이라는 라틴어 경유의 의미는 오늘날의 시빌이나 시빌리제이션에도 살아 있다.

　시빌리제이션은 이 시티를 중심으로 번영했는데, 그 성과 중에는 중국어의 '문명'의 의미도 포함되어 있었다. 그러나 일반적으로 시빌리제이션이라고 할 때에는 '문文'을 포함하고, 그밖에 거대한 중앙 집권적 권력, 농업 이외의 상업·공업의 발달, 자유 직업인의 집중, 고등 종교 등이 그 요소로 손꼽힌다. 그리고 또 중국어의 '문명'은 개인의 '문'의 교양이나 그 성과를 지칭하며 사용하지만 시빌리제이션은 시민citizen들 전체와 관련된 의미이며 양자 사이에는 의미의 차이도 분명히 존재한다.

　시빌리제이션은 성벽 외부의 미개, 야만, 자연 등과 대립하지만 외부와 대립하고 외부를 차별하는 것만으로는 아마도 시빌리제이션이라는 개념이 성장하지 못했을 것이다. 시빌리제이션은 시티의 외부까지도 시빌라이즈(도시화)한다는 역동적인 의미를 지니고 있다. 아마도 여기에는 서양의 기독교 특유의 선교mission라는 운동이 있었을 것이다. 전 세계의 여러 종교 가운데 기독교만큼 선교에 열성적인 종교는 없다. 그리고 기독교의 선교 운동은 동시에 서양의 시빌리제이션을 전파하는, 즉 시빌라이즈하는 운동을 수반했다. 서양 바깥의 세계 각지로 향하는 선교사는 그 땅에 학교를 세우고 현지 사람들에게 지식을 전파한다. 그 지식에는 기독교 이외의 지식도 당연히 포함되어 있다. 기독교 선교사는 서양의 시빌리제이션을 세계 각지에 전파하는 선두에 서 있었다고도 할 수 있을 것이다. 한편 중국 '문명'은 전통적으로 스스로를 중국권 바깥으로 전파하는 일에 열성적이지 않았다. 알고 싶으면 이곳으로 찾아오라는 것이 '중화'의 나라가 취한 기본적인 태도였다. 불교의 경우에도 예전의 일본의 열성적인 불교도들은 머나먼 중국까지, 혹은 인도까지도 가르침을 얻으러 갔다.

'시빌리제이션'→'문명'이라는 말이 슈펭글러Oswald Spengler (1880~1936)[13]의《서구의 몰락》(원저 1918~1922. 村松正俊 역, 五月書房, 1971)이나 토인비Arnold Toynbee(1889~1975)[14]의《역사의 연구》(원저 1934. 長谷川松治 역, 社會思想社, 1975) 이후 인류의 보편적인 성과인 것처럼 이해되어 예컨대 유사 이래 지구상에 문명이 몇 개가 있었다는 식으로 설명되는 경우가 많아졌지만 이상과 같이 생각하면 시빌리제이션은 역시 서양 특유의 말, 서양 특유의 사건을

한 단어
사전

가리키는 단어가 아니었을까.

후쿠자와 유키치福澤諭吉(1835~1901)[15]가《서양사정 외편西洋事情外篇》에서 "저속하고 고루한 풍습에서 벗어나 예의 문명의 세상에 사는 것은 인간이 원하는 바이다. 그렇다면 사람들은 덕을 닦고 법을 두려워하며 세상의 문명개화를 돕지 않을 수 있겠는가" 하고 말했을 때 '문명'은 '저속하고 고루한' 바바리즘barbarism에서 '문명개화'를 향해 나아가는 운동으로 이해되고 있었다. 바로 후쿠자와는 서양의 시빌리제이션 사상을 받아들이고 있었던 것이다.

프랑스에서의 역사

시빌리제이션civilization이라는 말의 역사는 뜻밖에도 오래되지 않았다. 이것이 사용되기 시작한 때는 18세기 초엽이고, 또 오늘날 우리가 '문명'이라는 번역어로 이해하는 의미를 지니게 된 것도 18세기 중엽의 일이다. 이것은 앞에서 언급했듯이 기독교의 선교가 활발하게 이루어지게 되는 시대와 겹치고 있다.

영어에서 시티city의 형용사형 시빌civil에서 만들어진 관념적인 명사형은 처음에는 시빌리티civility라는 단어였다. OED(Oxford English Dictionary, 1969)에 따르면 시빌리티는 이미 14세기경에 '시민으로서의 신분, 시민권'이라는 의미를 지니고 있었고, 이윽고 '시민의 공동체, 도시의 지배권'이라는 의미로도 사용되었다. 이에 반해 시빌리제이션은 OED에 의하면 18세기 초에 법률 용어로 형사소송법을 민사화하는 법의 의미였다고 한다. 이때의 시빌리제이션은 로마 시대의 시민법jūs cīvile를 계승하는 것으로 오늘날에도 civil law라고 하면 민법을 의미한다.

　시빌리제이션의 오늘날의 의미를 만들어 낸 것은 프랑스인이다. 그러나 초기의 용례는 《로고스—프랑스어 대사전》(Jean Girodet, Logos—grand Dictionaire de la Langue Française, 1976)에 의하면 대혁명의 중심 인물인 미라보Honoré Mirabeau(1749~1791)의 아버지인 미라보 후작[16]이 18세기 중엽에 사용했는데, 종교는 civilisation의 산물 중 하나라고 말했다. 18세기의 프랑스는 계몽주의 시대로 볼테르Voltaire(1694~1778), 디드로Denis Diderot(1713~1784), 루소 Jean-Jacques Rousseau(1712~1778) 등 새로운 시대의 사상이 유럽 전역으로 전파되었다. 루소는 오히려 civilisation과는 대립되는 nature(자연)을 언급한 사상가이지만 전 유럽에 지지자와 반대자를 갖고 있어 반反civilisation의 사상 또한 프랑스를 중심으로 크게 시대를 움직이고 있었다.

　이윽고 파리에서 대혁명이 일어난다. 그 정신은 '인권 선언'으로 상징된다. 혁명에 이어 나폴레옹Bonaparte Napoléon(1769~1821)의 군대가 유럽 전체로 혁명을 수출해 국민 국가를 만들어 내고 대혁명의 인권 사상을 전파했다. 18세기부터 19세기에 걸친 이러한 역사의 움직임 속에서 프랑스인은 자신들의 나라가 유럽의 중심이라는 의식을 갖게 되었다. 유럽의 궁정이나 외교 무대에서의 국제어는 프랑스어라는 관습도 생겼다.

국민 국가가 형성된 그 시대에 이것과는 대조적으로 개개의 국가를 초월한 civilisation이라는 의식도 형성되고 있었다. civilisation은 보편적이며, 프랑스의 civilisation이야말로 civilisation의 중심이라고 프랑스인은 생각하고 있었다.

기조에서 후쿠자와 유키치로

19세기가 되어 대혁명의 여파가 아직 유럽 곳곳에서 계속 이어지고 있을 무렵 소르본대학의 역사학자이자 정치가이기도 한 기조François P. G. Guizot(1787~1874)[17]가 《유럽 문명사》[18](원저 1828. 安土正夫 역, 角川書店, 1955)를 집필했다. 이 책의 영역본이 이윽고 후쿠자와 유키치가 《문명론의 개략文明論之槪略》(著者藏版 1875.《福澤諭吉全集》제4권, 岩波書店, 1959)을 저술할 때 모범이 되고 있어 앞서 말한 '문명'이 보편적인 것을 지향하는 운동이라는 기본 사상은 이 책을 통해 후쿠자와에게 흡수되고 있었음을 알 수 있다.

기조는 '문명'을 '진보, 발전'이라는 운동으로 설명하고, 모든 '문명'의 위대한 사상도 먼저 프랑스를 지나 유럽으로 전파되었다고 말한다. 그리고 이러한 '문명'의 진보, 발전의 밑바탕에 기독교가 있다고 설명한다. 이것을 단순히 가톨릭 국가의 보수적인 지식인의 의견으로 치부해 버려서는 안 될 것이다. '문명'의 밑바탕으로서, 운동으로서의 기독교에 착안한 것은 역사가의 혜안이다.

후쿠자와는 시빌리제이션을 '문명'이나 '문명개화'로 번역하고 있는데, 특히 이 '개화'라는 말은 '열어 간다, 움직여 간다'는 변화, 동태의 표현이다. 그런 점에서 시빌리제이션의 의미를 잘 파악하고 있었다고 할 수 있지만, 여기에 또한 중요한 차이도 존재한다. 시빌리제이션은 안에서 밖으로라는 운동의 의미이지만, '문명개화'의 '개화'는 이미 설정되어 있는 '문명'의 방향으로의 '개화'였다. 이 문제에 대해서는 얼마 뒤에 나쓰메 소세키夏目漱石(1867~1916)[19]가 '내발적'과 '외발적'으로 불러 가며 논하고 있다(나중에 언급함. 81쪽 참조).

안에서 밖으로라는 서양 시빌리제이션의 '안'의 중심에 기독교가 있었던 것이지만 이 기독교에 대한 이해는 후쿠자와에게는 전해지지 않았다.

'문명'이라는 말

일본의 근대 초기, 특히 메이지 전반기는 흔히 '문명개화'의 시대로 불린다. 이 문구를 만든 것은 후쿠자와 유키치이다. 막부 말기에 미국, 유럽 여행에서 돌아온 후쿠자와는 1867년에 《서양사정 외편》을 집필하고 이듬해에 출판했다. 거기서 '문명'이나 '문명개화'라는 말이 빈번히 사용되고 있고 '세상의 문명개화'라는 것은 한 장章의 제목으로까지 되어 있다. 이 책은 그에 앞서 출간된 《서양사정 초편》과 함께 아주 잘 팔려 해적판이 나돌 정도였다. 나중에 후쿠자와는 《문명론의 개략》이라는 책도 썼다. '문명'은 후쿠자와 유키치의 사명감이 응축되어 있는 말로 이윽고 그의 기대대로 근대 일본 개막의 시대를 제패하는 말이 되었다.

중국 고전의 '문'·'문명'·'문화'

'문명'은 '문화'와 마찬가지로 중국에서 건너온 오래된 말이다. 《대한화사전》에 의하면 '문명'에는 "1. 문채가 있고 빛남. 2. 덕이나 교양이 있어 훌륭함. 3. 문채가 나타나다. 4. 문채가 빛나다" 등의 의미가 있다. 용례는 옛날로 거슬러 올라가 《역경》의 '천하문명'이 인용되어 있다.

여기서 '문'이라는 중국어의 의미에 대해 살펴보도록 하자. 《대한화사전》에 의하면 '문'은 먼저 "1. 무늬. ㉠ 색을 교차시켜 그려낸 계통이 있는 무늬. 〔說文〕 文, 錯畵也, 象交文(본래의 의미는 교차된 획이다. 文이란 글자는 그 교차된 무늬를 본뜬 것이다)"으로 설명되어 있다. 이어서 "질質에 대한 말. 또 볼품이 좋음. 외면적 문식文飾", "도리. 이치. 조리條理", "규범. 방도. 법도. 예의. 위의威儀", "예악제도禮樂制度", "나타남. 현상". "문서. 글. 문자. …… 서적. …… 말. 어구" 등으로 되어 있다. 즉 '文'이라는 글자의 교차하는 선은 무늬의 상징이며, 거기에서 '도리·방도·제도' 등의 관념적인 의미가 생기고 그리고 그러한 관념을 담당하는 형태로서의 '문자'라는 의미가 된 것 같다.

이처럼 형성된 '문'의 의미는《논어》등의 고전적 교학敎學의 중심적인 용어 중 하나가 된다. '문'의 설명에서 가장 먼저 사용되는 문헌인《설문》이 본래 '문자'의 해석이라는 것으로 경전의 문자를 중시하는 고대 중국인의 사고방식이 여기에도 잘 나타나 있다.

'문화'라는 중국어의 의미는 이러한 배경을 통해 잘 이해할 수 있다. 앞에서 말했듯이《대한화사전》에 의하면 '문화'는 "1. 형벌. 위력을 사용하지 않고 인민을 교화하는 것. 문치교화"로 되어 있는데, 이것은 '예악제도', 경전에 따라 행하는 정치, 즉 고대 중국의 이상적인 정치를 가리키는 말 중 하나였다.

번역의 원리

일본인이 문자를 알게 된 것은 5세기경의 일로 한반도에서 온 사절 왕인王人이《논어》,《천자문》등의 책을 가져왔다고 전해지고 있다. 같은 시기에 중국, 한국으로부터 말하자면 '문명'의 성과가 속속 도래하고 있는데, 특히 '문'을 중히 여기는 사고방식도 일본인은 이 선진국들로부터 받아들이고 있었다. 금인金印(황금으로 만든 도장)은 문자가 새겨져 있어 중요했으며, 당시의 귀중한 거울이나 검 등에는 대개 문자가 기록되어 있다.

그러나 일본인은 한자를 다루는 방식이 중국인과 달랐다. 한자에는 두 글자로 이루어진 숙어가 많은데, 중국에서는 한 글자 한 글자의 문자의 의미를 중심으로 생각해 가는 것에 반해 일본에서는 두 글자 전체로 하나의 의미를 생각하는 경우가 많다. 관념적·추상적인 말일수록 그러하다. 예를 들어 일본에서 만들어진 한자어인 '회사會社'는 '사회'와 같은 문자를 사용하면서도 오늘날의 용법에서는 의미가 확연히 다르다. 글자 하나하나의 의미보다 두 글자로 하나의 의미를 나타내는 쪽이 중요한 것이다. '문명', '문화'의 경우도 중국어에서는 '문', '명', '문', '화', 이런 식으로 한 자 한 자가 의미를 지닌 채 받아들여지고 있다. "문채가 있고 빛남"이라든가, "형벌. 위력을 사용하지 않고 인민을 교화하는 것. 문치교화"라는 것도 이러한 이해를 보여주고 있다. 자세히 살펴보면 이는 일본인의 한자어 이해 방식과 다르다.

근대가 되어 일본인이 서양과 마주쳤을 때, 사람들이 종래 알고 있던 것과는 전혀 다른 사물, 개념을 뜻밖에도 쉽게 받아들이고 그것들을 한자를 이용해 속속 번역할 수 있었던 것도 일본인의 전통적인 한자의 취급 방식에 기인한 바가 클 것이다. 한 자 한 자의 한자漢字의 의미에 그다지 구애받지 않기 때문에 의미의 차이를 뛰어넘을 수 있었다. 이것은 같은 시기에 중국인이 서양과 마주쳐 서양어를 어떻게 받아들였는지 비교해 보면 잘 알 수 있다.

중국인의 번역에서는 한 자 한 자의 의미를 잘 알고 있기 때문에 이질적인 서양어의 의미와의 차이를 깨닫지 않을 수 없다. 그래서 음역하는 경우가 많다. 예컨대 근대 초기에 economy를 '愛康諾米(아이캉눠미)', democracy를 '德謨克拉西(더모커라시)', philosophy를 '菲洛索菲(페이러쒀페이)' 등과 같이 음역했다. 일찍이 산스크리트어로 된 불경을 번역할 때도 그랬다. 그러나 이러한 번역법으로는 글자 수가 많아지고 또 의미도 전달되기 어렵다. 결국 훗날 일본인이 번역한 '경제'나 '민주주의', '철학'이라는 단어가 들어오자 이것들로 대체되어 버렸다.

번역어의 결점

그렇다면 일본인이 만든 이런 번역어들이 좋은 번역어였다고 할 수 있을까. 또 이것들은 도대체 어떤 의미의 말이었을까. 이런 질문들에 대해 여기서 잠시 생각해보자.

예를 들어 '철학'이라는 번역어는 한학자이자 난학자蘭學者였던 니시 아마네西周(1829~1897)[20]에 의해 조어造語되었다. 처음에는 '희철학希哲學'이라는 세 글자의 단어였다. '희'는 원한다는 의미로 필로소피philosophy의 phil에 대응하고 있었다. '철학'은 sophy에 대응하고 있었다. 필로소피의 창시자로 일컬어지는 그리스의 소크라테스Socrates(B.C. 470?~B.C. 399)가 스스로를 '소피스트sophist'와 구별하며 지자知者가 아니라 지知를 사랑하는 사람이라고 말했던 의미를 받아들인 것이다. 하지만 그 뒤 얼마 안 되어 '희철학' 의 '희' 가 탈락하고 '철학' 이라는 말이 필로소피의 번역어로 사용되기에 이르렀다. 일본어의 문자 구조 속에서 세 자로 이루어진 한자어는 불안정하고 두 글자가 안정적이라는 이유 때문이다. 고대로부터 일본어의 한자어는 대다수가 두 글자였다. 일본의 지명, 인명 등도 그러하다.

그런데 그 결과 '철학' 이라는 말은 그 한자의 의미를 갖고 생각하면 원어의 가장 중요한 의미가 전달되지 않는다. 소크라테스가 강조한 philosophy의 phil에 해당하는 '희' 를 떼어 버렸기 때문이다. 일본어의 한자 조어에서 형식적인 필요 때문에 중요한 의미를 내던져 버리고 말았던 것이다.

또 '경제' 라는 단어에 대해 생각해보자. 이는 원래 이코노미economy의 번역어로 중국 고전에 나오는 '경세제민經世濟民' 이라는 사자숙어에서 두 자를 따서 만든 조어였다. 그 결과 이 '경제' 라는 말에서는 '경세제민' 의 의미가 거의 전달되지 않는다. 게다가 이코노미라든가, 그 본래의 용어인 political economy의 의미도 전달되지 않는다. 즉 '경제' 는 그 한자만 보면 완전히 무의미한 말이다.

이러한 일본에서 만들어진 번역어가 그후 한자의 본국인 중국에 수출되고, 한국이나 베트남에도 수출된 사실이 있다. 이것은 19세기 후반에 일본이 아시아의 다른 여러 나라들에 앞서 근대화의 길을 걷기 시작해 서양의 학문·사상의 용어를 번역한 이후의 일이다. 루쉰魯迅(1881~1936) 등 중국의 지식인들은 일본을 근대화의 모범으로 생각하며 일본에서 만들어진 번역어를 도입했다. 이런 사정은 한자라는 것의 본질적인 성격을 살피는 데 있어 매우 중요하다. 아주 간단히 말하면 한자의 단어는 처음부터 의미를 확실히 알고 있지 않아도 되며, 우선 형태가 주어진 뒤에 의미가 점차 만들어져 가는 그런 성격의 말이라는 것이다. 한자학에서는 예로부터 '형태, 소리, 뜻'이라는 것을 말하는데, 그중 '형태'가 가장 중요하다, 적어도 맨 먼저 '형태'가 있다는 의미일 것이다.

그럼 이번에는 '문명'과 '문화'라는 번역어 차례인데, 이것들은 모두 '문'이라는 말이 중심이다. '문'은 확실히 고대 이래로 중국 역사 속에서 매우 중시되어 왔지만, 이미 필자가 설명한 civilisation의 의미, 혹은 뒤에 설명할 culture나 Kultur의 의미와는 역시 상당히 다르다고 할 수 있다.

civilisation은 '문명'과 확실히 상당히 공통된 의미가 있다. 그러나 '문명'의 '문'의 의미에 구애받으면 이 번역어는 성립할 수 없었다.

사전 속 번역어의 변천

여기서 막부 말기·메이지 초기 일본에 등장한 이상과 같은 서양어 civilisation의 번역을 중심으로 culture 등의 번역도 언급하면서 일본어의 '문명', '개화', '문화' 등에 대해 생각해보도록 하자.

후쿠자와 유키치와 같은 시기에 막부의 관료로서 서양 학문을 섭렵하는 데 힘쓰고 있었던 니시 아마네의 경우를 살펴 보자. 1870년에 니시의 강의를 문하생인 나가미 유타카永見裕(1839~1902)가 필록筆錄한 《백학연환百學連環》에는 "civilization, 즉 개화" 라고 쓰여 있다. 후쿠자와가 이미 '문명' 또는 '문명개화' 등으로 번역해 그것이 널리 퍼져 있던 무렵의 일이다.

그런데 이 《백학연환》에서는 '문화' 라는 단어도 빈번히 사용되고 있다. 예컨대 서양의 인쇄술에 대해 설명하며 "문사文事의 학술에 기여하는 바가 매우 크다"고 기술하고, 이 '문사' 의 '사' 옆에 '화化' 라는 글자를 병서하고 있다. 이 '문화' 는 '문사', 즉 '문' 에 관한 일이며 중국 한적의 '문' 의 의미, 즉 문자를 가리킨다. 이 책 속에서는 '문화' 라는 단어가 반복적으로 사용되고 있는데, 모두 한적에서 도래한 의미이며 culture 등 서양어의 번역어의 의미는 아니다.

막부 말기에서 메이지 시기 전반기경에 걸쳐 간행된 사전을 살펴보도록 하자.

일본 최초의 영어사전인 모토키 마사히데本木正榮(1767~1822)의 《암액리아어림대성暗厄利亞語林大成》(1814)에 따르면 city는 '가街. 시내市中', civil은 '예禮. 정중함', civility는 '겸손하게 사양함[遜讓], 예의 바름[慇懃], 정중함' 으로 되어 있다. civilization은 없고, culture 항목도 없다. 이 시기에는 아직 유럽에서도 civilization이나 culture

가 나중에 '문명', '문화'로 번역되는 의미로는 거의 사용되고 있지 않았던 것이다.

1854년에 일본 프랑스학의 개조開祖인 무라카미 히데토시村上英俊(1811~1890)가 출간한《불어명요佛語明要》에 의하면 civilisation이 "죽음을 면제하고 벌금을 내게 하다"로 설명되어 있다. 이것은 civilisation의 원래의 의미로서 앞에서 언급한 것과 중첩된다. 또한 cité는 '시가市街', citoyen은 '조닌町人'[21], civil은 '도시의 예의 바른'으로 되어 있다.

1867년에 막부의 개성소開成所[22]에서 간행한《영화대역수진사서英和對譯袖珍辭書》에 의하면 civilization은 '예의 바름, 개화함'으로, 니시 아마네의 번역어와 공통되고 있다. 또한 culture는 '경작, 육식育殖, 교도수선敎導修善'으로 되어 있으며 그후 '문화'로 번역되기에 이르는 의미는 아직 여기에는 없다. 서양어에서도 그 조금 전인 1860년에 이르러서야 비로소 겨우 부르크하르트Jacob Burckhardt(1818~1897)가 Kultur와 관련해 한 시대의 정신을 논해 갓 유명해진 참이었다.[23]

메이지 시기에 접어들어서는 1886년에 출간된 시바타 마사키치柴田昌吉(1842~1901)·고야스 다카시子安峻(1836~1898)의《영화사휘英和辭彙》(大阪積善館)에는 civilization이 '개화, 교화', culture가 '경종耕種, 수행修行, 교육, 교화'로 나와 있다. 이 culture에 '문명'과 같은 의미, 혹은 훗날의 '문화'에 상당하는 의미도 들어 있는지 불분명하다는 점에 말이 가진 의미의 시대적 변천 과정이 잘 나타나 있다.

같은 해인 1886년 출간된 햅번James C. Hepburn(1815~1911)의 《화영어림집성和英語林集成》(丸善) 제3판을 보면 이 사전은 일/영의 부와 영/일의 부로 나뉘어 있는데 영/일의 부에서 civilization이 'Kaikwa. kyokwa', 즉 '개화. 교화'로, culture가 'Gakumon. kyo-iku. fuga', 즉 "학문. 교육. 풍아風雅'로 되어 있다. culture의 새로운 의미는 독일어의 Kultur에서 전파되었기 때문에 영어에서는 아직 문제가 되고 있지 않았지만 그 사정을 영국인 햅번이 여기서 전해 주고 있다.

조금 뒤에 출간된 사전에서는 시마다 유타카島田豊의 《쌍해영화대사서雙解英和大辭書》(共益商社, 1903년판)에 따르면 civilization은 '교화함. 개화. 문명'으로, culture는 '논밭을 가는 일. 경작. 농사(稼穡). 재배. 배양. 공수攻修. 탁마琢磨. 연습. 교화. 개화. 박아博雅. 문아文雅'로 되어 있다. 이 사전에서는 culture와 civilization의 번역어로서 '개화'가 공통되고 있는데, 이것은 culture가 civilization과 비슷한 의미로 사용되기 시작한 유럽의 시대의 의미를 전달해 준다.

다음으로 일본어 사전을 살펴보면 오쓰키 후미히코大槻文彦(1847~1928)의 《언해言海》(私家版, 1891)[24]에서는 '문화'는 '문학, 교화가 활발하게 발달한 것'으로, '문명'은 '문학. 지식. 교화가 잘 발달하고 정치가 매우 올바르며 풍속이 더 없이 양호한 것. "—개화"'로 되어 있다. 여기에서 사용되고 있는 '문학'은 '학문'과 거의 같은 의미이다. 이 사전에 의하면 '문명'은 후쿠자와 이래의

civilization 번역어의 의미이지만, '문화'는 어떠할까. '문명'의 의미와 비슷하면서도 그것을 좀 더 간략화한 것으로 볼 수 있지만, 오히려 여기서의 '문화'는 전통적인 한적의 의미로 보는 편이 좋을 것 같다.

'문화'와 '문명'

사전을 떠나 일반적인 문장, 책 속의 용례를 살펴보기로 하자. 1878년에 간행된 요시오카 노리아키吉岡德明(1828~1898)[25]의《개화본론開化本論》(《明治文化全集》제20권 수록, 日本評論社, 1929)이라는 '문명' 비판서에는 〈문화〉라는 장이 있다. 거기에는 그보다 조금 전에 출간된 후쿠자와의《문명론의 개략》이 그대로 인용되어 있어 '문화'가 '문명'과 같은 의미로 사용되고 있음을 알 수 있다.

나쓰메 소세키도 '문화'라는 단어를 자주 사용하고 있다. 1901년에 집필되어《소세키전집》(岩波書店, 1965~1967) 제13권에 〈단편斷片〉이라는 제목으로 수록된 글 속에 "지금의 문화는 돈으로 살 수 있는 문화이다. 돈으로 살 수 있는 문화가 가장 좋은 문화인가. 만약 그렇지 않다면 일본이 모든 일에서 서양을 숭배하는 것은 어리석은 일이다"라는 구절이 있다. '모든 일에서'라고 말하고 있으므로 여기서의 '문화'는 전통적인 한자어의 의미가 아니다. 그렇다면 culture의 번역어의 의미일까. 하지만 그렇게 간단히 결정할

수는 없다. 달리 동시대 또는 그 이전의 시기에서 이와 동일한 용
례가 거의 발견되지 않기 때문이다. 그 조금 뒤인 1905년의 〈전후
戰後 문학의 추세〉라는 담화 기록 속에는 다음과 같은 구절이 있다.

……일종의 문명, 일종의 역사라고 하듯이 일본으로서의 특성을 지니
고 현재의 세상 속에 생존하고 있으므로, ……예로부터 오늘에 이르기
까지의 역사 속에서 자신이 얻어 온 취미와, 서양 문화로부터 자신이
얻어 온 취미가 표준이 되므로……《漱石全集》제16권).

여기서는 '문화'와 '문명'이 같은 의미의 말로 사용되고 있는
것을 알 수 있다.
일반적으로 이 무렵, 즉 메이지 시기 말기까지의 기간에 '문명'
만큼은 아니더라도 '문화'라는 단어가 상당히 자주 쓰이고 있다.
그러나 culture에 대응하고 있다는 것이 분명히 밝혀지지 않는 한,
이 당시의 '문화'라는 말은 전통적인 한자어의 의미이거나 '문명'
과 같은 의미의 말이라고 생각하는 것이 적절할 것이다.

다이쇼의
'문화'

文
化

❖

미키 기요시의 '문화' 론

철학자 미키 기요시三木淸(1897~1945)[26]는 1941년에 행한 〈과학과 문화〉라는 제목의 강연 중에 다음과 같이 말하고 있다. 다이쇼 시기의 '문화'의 역사에 대해 매우 정확하게 지적하고 있기 때문에 좀 길지만 여기에 인용하기로 하겠다.

1차 세계대전이라는 대사건과 맞닥뜨렸으면서도 우리는 정치에 완전히 무관심할 수 있었다. 이윽고 우리를 지배한 것은 도리어 저 '교양'이라는 사상이다. 그리고 그것은 정치라는 것을 경멸하고 문화를 중시하는 반정치적 내지 비정치적 경향을 지니고 있었다. 그것은 문화주의적인 사고의 산물이었다. '교양'이라는 사상은 문학적·철학적이었다. 문학이나 철학을 특히 중시하고 과학이니 기술이니 하는 것은 '문화'에 속하지 않고 '문명'에 속하는 것으로 간주되며 경시되었다. 바꾸어 말하자면 다이쇼 시기의 교양 사상은 메이지 시기의 계몽 사상─후쿠자와 유키치 등으로 대표되고 있는─에 대한 반동으로 일어난 것이다.

…… 나는 그 교양 사상이 대두된 시대에 고등학교를 다녔는데, 그것은 비정치적이고 현실의 문제에 관심을 두지 않았기 때문에 그만큼 더 고전을 중시하는 장점을 지니고 있었다. 일본의 교양 사상에 큰 영향을 준 것은 쾨베르 박사로, 그 유력한 주창자들은 모두 쾨베르 박사의 제자였다. 그리하여 나도 제일고등학교 시절의 후반기에 비교적 고전을 많이 읽었다. 단테의 《신곡》이라든가 괴테의 《파우스트》 등 어려워 잘 이해되지 않는 곳도 많았지만 어쨌든 열심히 읽었다.

…… 후쿠자와 유키치의 유명한 저서 중에 《문명론의 개략》이라는 것이 있다. 그 시대에는 모두 문명 또는 문명개화라는 식으로 사용되었던 것이다. 그러나 문화라는 말은 훨씬 늦은 다이쇼 시기에 이르러서야 비로소 생긴 말로, 이전의 문명이라는 말은 영어의 civilization에서 온 것인 데 반해 문화라는 말은 영어가 아니라 오히려 독일어의 Kultur라는 단어의 번역어로 등장했다.

…… 문화라는 말은 앞에서 언급한 바와 같이 다이쇼 시기에 이르러서야 비로소 생긴 단어로, 바로 우리의 고등학교 시절에 처음으로 일본에 나타난 말이다. 그 말이 대표하고 있는 것이 무엇인가 하면 교양이라는 사고방식이다. 따라서 이 교양이라는 것이 대단히 중요한 의미를 부여받고 있다. 그런데 이 교양이라는 것이 무엇인가 하면 이전의 문명이라는 것이 일종의 정치적 색채를 지니고 있었던 데 반해 반정치적이라고나 할까, 정치와 무관한 하나의 교양을 늘 의미했다《三木淸全集》 제17권, 岩波書店, 1968).

바로 이 시대에 입회했던 대표적인 '문화' 인의 증언이다. 미키는 계속해서 같은 글 속에서 '쿨투어Kultur' → '문화' 의 유래에 대해 독일 철학 연구자로서, 그리고 스스로의 체험에 기초해 정곡을 찌르는 설명을 하고 있다.

문명은 물질 문명, 문화는 정신 문화라는 의미에서 언제나 문화는 뭔가 문명보다 높은 것이라는 사고가 존재했다. 이것은 특히 독일에서의 쿨투어라는 말의 역사적 의미를 조사해 보면 역시 그러한 관계에 있음을 알 수 있다.

대체 독일에서 문명과 문화의 구별이 강조된 것은 무슨 이유에서인가 하면, 유럽의 역사에서 근대적으로 선구적인 의미를 지니는 것은 영국 또는 프랑스라는 나라이다. 독일은 근대 문화의 발전에서 뒤쳐져 있었다. 그러한 점에서, 또한 정치적 세력으로서도 영국의 세계 경제에서의 지배적인 위치가 확립되어 있어서 그런 영국 또는 프랑스 등의 세력에 대해 독일이 어떻게 자신의 고유성을 주장할 것인가, 즉 그런 선진국에 대해 후진국으로서 어떻게 자신의 위치를 주장할 것인가라고 할 경우에 자신의 문화를 특히 쿨투어라 칭하며 다른, 즉 영국·프랑스적인 문명이라는 개념을 경멸하고 한 단계 아래로 보는 사고방식을 만들어 왔던 것이다.

…… 또한 문명은 세계적인 단일체였지만, 그에 반해 문화는 국민적 또는 민족적인 것으로 여겨져 왔다.

…… 이 휴머니즘의 경향은 학구적인 사람들 사이에서 '교양' 이라는

관념에서 '문화'라는 관념으로 바뀌고, '문화주의'라는 말도 생겨났다. 신칸트파의 가치 철학, 문화 철학이 그 기초가 되었으며, 구와키桑木[嚴翼] 선생이라든가 소다左右田[喜一郞] 선생이 그 대표였다. 그 무렵 '문화 주택'이라든가 '문화촌'이라는 다이쇼 시기의 한 상징인 싸구려 문화주의가 철학자들의 의도와는 별도로 유행하게 되었다.

필자가 이 장에서 '문화'에 대해 말하고 싶었던 것의 요점을 이상과 같이 미키 기요시가 모두 말해 버렸다는 느낌도 들지만, 다음에서 필자 나름대로 말하자면 미키의 설을 전개하며 기술해 가고자 한다.

쾨베르 선생이 남긴 것

철학자 구와키 겐요쿠桑木嚴翼(1874~1946)[27]는 《칸트와 현대 철학》(岩波書店, 1917) 속에서 "……빈델반트는 ……1910년 《로고스》에 게재된 논문 〈문화 철학과 선험 관념론〉에서……"라고 쓰며, 이 논문 이름에 독일어로 'Kulturphilosophie u. transzendentaler Idealismus'라는 각주를 달고 있다. 그리고 다시 그 뒤에 "Wilhelm Windelband는 1848년에 태어나 1919년에 사망했다. 이 글은 그의 부음을 접하자 곧(1915년 12월) 추도의 뜻을 표하기 위해 기고起稿하고, 이듬해 1월 철학잡지에 게재한 것이다"라고 쓰고 있다. 이것을 통해 구와키 겐요쿠가 1915년에 독일어의 쿨투어Kultur를 '문화'로 번역하고 있었다는 것을 알 수 있다. 아마도 이것이 쿨투어 등의 서양어를 '문화'라고 번역한 시초가 아닐까 싶다.

신칸트파 철학[28]은 당시의 지식인들의 관심을 끌고 있었다. 특히 이 학파 사람들이 자연과학Naturwissenschaft에 대응해 문과계의 학문들을 '문화'과학Kulturwissenschaft으로 명명하고 그 방법론을 제시한 것이 독일이나 일본뿐 아니라 세계의 학계에도 널리 영향을 주고 있었다. 신칸트파 철학의 소개, 유행과 함께 이 시기에 '쿨투어'→'문화'라는 말도 널리 전파되고 있었다.

독일의 '쿨투어'→일본의 '문화'의 경과와 관련해서는 미키 기요시가 말하고 있듯이 쾨베르 박사Raphael von Koeber(1848~1923)[29]의 영향도 컸던 것 같다. 메이지 시기 말기에서 다이쇼 시기에 걸쳐 도쿄제국대학에서 쾨베르 박사의 철학 강의를 듣고 일간 박사의 자택을 드나들며 친하게 지내게 된 젊은이들이 이윽고 일본의 엘리트 '문화'인이 되었다. 우에다 빈上田敏(1874~1916),[30] 하타노 세이이치波多野精一(1877~1950),[31] 아베 지로阿部次郎(1883~1956),[32] 와쓰지 데쓰로和辻哲郎(1889~1960)[33] 등 일본의 '문화' 세계의 한 시대를 이끌어 온 사람들이 거기에 포함되어 있었다. 나쓰메 소세키는 〈쾨베르 선생〉(《漱石全集》 제8권 수록)이라는 수필 속에서 이렇게 말하고 있다. "문과 대학에 가서 여기서 가장 훌륭한 인격을 지닌 교수는 누구냐고 물으면 100명의 학생 중 90명 정도는 많은 일본인 교수의 이름을 입에 담기 전에 먼저 폰 쾨베르라고 답할 것이다."

쾨베르 박사는 태생은 러시아인이지만 교육은 독일에서 받았다. 그리스 이후의 서양 철학·문학·예술에 대한 교양이 풍부하고 학문에는 엄격하며 학생들을 사랑했다. 또 정치를 좋아하지 않고 신문도 거의 읽지 않았다고 한다. 즉 독일의 쿨투어를 체현한 인물이었던 것 같다. 그 영향을 받은 엘리트 지식인들이 이윽고 첫 장에서 언급한 쇼와 패전 후의 '문화' 국가론의 중심이 된 것이다.

오야마 이쿠오의 '문화' 론

그런데 이상과 같은 신칸트파라든가 쾨베르 박사의 훈도는 수적인 측면에서 보면 아주 소수의 사람들에 해당되는 일이다. 1차 세계대전부터 전후에 이르는 다이쇼 시기에 '문화' 라는 말이 지식인뿐만 아니라 널리 저널리즘, 학생들 그리고 정치가들 사이에서도 유행했는데, 그 중심 인물 중에 미키 기요시가 말한 도쿄제국대학의 '문화' 의 범위에는 들어 있지 않았지만 와세다早稻田대학의 오야마 이쿠오大山郁夫(1880~1955)가 있었다고 생각된다.

오야마는 앞에서 언급했듯이 1914년 독일 유학에서 돌아오자 그 2년 뒤에 〈군국적 문화국가주의—독일 국민생활의 일면〉을 잡지에 발표하며 지금이야말로 '문화' 가 최첨단 시대의 말임을 호소했다. 이것은 앞에서 언급한 구와키 겐요쿠가 '쿨투어'→'문화' 를 소개한 다음해의 일인데, 구와키는 아카데미즘을 상대로 말하고 있었던 데 반해 오야마는 그 출발점에서부터 저널리즘을 상대로 삼고 있었다. 그리고 얼마 안 되어 그는 당시 논단의 중심 인물이 되었다. 이미 유학 가기 전부터 오야마는 '와세다대학의 호프'로 지목되고 있었는데, 선진 유럽의 '문화'를 습득하고, 시대 감각의 날카로운 문장으로 순식간에 수많은 독자를 사로잡았다.

오야마의 '문화'론을 추적해 보면 '국민 문화'론으로 등장하고 는 이윽고 '민중 문화'론이 되고, 그리고 '국민 문화', '부르주아 문화'를 비판하며 '프롤레타리아 문화'론을 주장하고 그 후에는 '문화'에 대해 거의 언급하지 않게 되는 경과를 더듬는다. 그 과정을 아주 개략적으로 추적해 보기로 하자.

최초의 〈군국적 문화국가주의─독일 국민생활의 일면〉에서는 의문의 여지 없이 정면으로 '국민 문화'를 호소하고 있었지만 3년 뒤에 잡지 《아등我等》(我等社, 1919년 3월호)에 발표한 〈민중 정치와 국민 문화〉에서는 "노정치가들의 시대착오적인 문화관을 상세히 조사하고 비판하는 것은 국민 문화에 대해 예민한 감각을 갖고 있 는 사람들─특히 일반 청년·학생들의 정치에 대한 열성을 환기 시키기 위해 매우 유익한 일이다"라고 지배자의 '문화'관을 비판 하며, "사회 생활이 민중화됨에 따라 국민 문화는 자연히 민중 문 화가 되어야 한다"고 말한다. 그 이듬해에는 같은 잡지에 〈민중문 화주의와 나─곤다 야스노스케權田保之助 씨의 비난에 답한다〉 (1920년 7월호)를 쓰며 "나는 여러 해 전부터 '문화'라는 말을 빈번 히 사용했는데, 처음에는 그것을 주로 이른바 국민 문화 또는 민족 문화와 관련해 사용했다"고 스스로 인정하고, 나아가 "나의 사상이 점차 국민 또는 민족 정신을 기조로 하는 문화에서 계급 문화를 기조로 하는 문화 쪽으로 기울고 있었다"며 자신의 사상 경향의 변화에 대해 말하고 있다.

그리고 1922년에는 《아등》 7월호에 〈현대 정치사상의 주조主潮와 그 파탄〉을 쓰며 "일반적인 문화주의자들은 이 요점을 비약해 곧바로 계급적 이해관계를 초월한 문화적 이상을 설정하려고 하"지만 그것은 잘못이다, "프롤레타리아의 계급 의식에 입각하고 있는 사회 생활의 이상, 즉 프롤레타리아 문화"를 추구해야 한다고 주장하고 있다.

대체로 이 무렵부터 오야마는 '문화'에 대해 별로 언급하지 않게 된다. 그것은 당연한 일이었던 것 같다. 오야마가 점차 마르크스주의 사상에 접근해 가고 있었는데, 마르크스주의에서는 '문화'는 경제의 상부 구조이며 가장 중요한 의미를 갖는 근본적인 문제는 아니기 때문이다. 시대가 요구하는 가장 첨단적인 중요한 문제, 즉 일본인으로서 선진 문화, 번역 문화를 늘 민감하게 계속 추구한 정신의 궤적이 여기에 그려져 있는 것 같다.

'문화'의 두 가지 의미

오야마 이쿠오가 '문화'에 대해 별로 언급하지 않게 되었을 무렵, 다분히 오야마 자신의 문재文才와 명성에 힘입어 전파되었던 '문화'라는 말이 이를테면 홀로서기를 해 제멋대로 움직이기 시작하고 있었다. 물론 이것은 오야마 한 사람만의 탓은 아니고 일본에서 번역어라는 것의 숙명이라고 해도 무방할 것이다. 특히 선진 '문화'의 나라에서 중요시되는 말의 번역어가 그러하다.

구와키 겐요쿠나 오야마 이쿠오에 의해 '문화'가 수입·소개된 이 시대는 근대 이후 일본이 겨우 한숨을 돌리고 경제적으로도 번영한 비교적 평화로운 시대였다. 이런 배경 속에서 '문화'가 학계에서 저널리즘으로, 그리고 정치 세계로까지 번지며 유행하기 시작했다.

'문화 정치', '문화 정책'이라는 말이 빈번히 사용된 것도 이 시대였다. 1918년에 '평민 재상'인 하라 다카시原敬의 내각이 성립했다. 한쪽에서는 노동 운동이 활발하게 전개되고, 식민지 조선에서는 1919년에 3·1 독립 운동이 일어났다. 이런 상황 속에서 지배자는 특히 조선 통치에서 종래의 무단 정치에서 '문화' 정치로 전환하려고 하며 위와 같이 말하기 시작한다. 예를 들어 무관에 한정되어 있었던 조선 총독의 임용을 문관에게도 개방하기로 하고 헌병 경찰을 보통 경찰로 교체하는 한편, '문화' 시설을 정비하려고 한다.

그런데 정치가들이 이 시기에 입에 올리고 있었던 '문화'는 구와키나 오야마가 소개한 '문화'와 같은 것이었을까. 당시의 문화는 '무'와 대립하는 '문'이고, 정치와 용이하게 결합되는 '문화'

이며 '문'에 의해 '화'하는, 전통적인 한자어의 의미가 다분히 강한 것 같다. 아마도 정치가들 자신은 '문화'의 시대의 흐름을 타고 그 방향으로 움직이려고, 움직이는 자세를 보이려고 하는 것이겠지만, 서양에서 건너 온 의미는 그리 간단히 일반이 이해할 수 있는 것이 아니다.

지금까지 반복해서 말해 왔지만 '문화'라는 말에는 이 시대 이후 한쪽의 쿨투어의 번역어로서의 의미와 다른 한쪽의 전통적인 한자어의 의미가 혼재되어 있다. 그리고 이 두 가지 의미는 각기 문맥이 다르다. 또한 각기 언어학적인 의미 구조도 다르다.

이러한 경우 일반적으로 이 두 가지 의미는 말의 사용자에 의해 의식되지 않은 채 혼동되며 사용된다. 이 말을 쓰는 사람도, 이 말을 듣는 사람도 어떤 의미로 사용되었는지 알아차리지 못한 채 주거니받거니 한다. 사전에서는 이러한 두 가지 의미를 나란히 늘어놓으며 기술하고 있지만, 문맥이 다르고 의미 구조가 다른 두 가지 의미는 단순한 병존 상태가 아니다.

여기서 다른 예를 한 가지 들어 보기로 하겠다. '자연'이라는 단어도 '문화'와 마찬가지로 오래된 전통적인 한자어이고 또 근대 이후에는 서양어의 번역어로 사용되었다. '자연'은 한편으로는 '자연히, 저절로'라는 의미로 노자老子나 불교 용어 이래의 역사가 있는 한편, 다른 한편으로는 근대 이후 nature 등의 서양어의 번역어로서 '자연과학'의 '자연'과 같이 사용되기에 이르렀다. 그러나 이 두 가지 의미는 흔히 혼동되며, 혼동되고 있다는 것을 그 사용자도 알아차리지 못한다. 예를 들어 일본의 소설계에 '자연주의 논쟁' 이라는 것이 있었는데, 둘로 나뉜 논자들이 각기 다른 의미로 '자연' 이라는 말을 사용하면서도 서로 그 사실을 알아차리지 못해 논쟁은 결국 언제까지고 엇갈리기만 했다.[34] 똑같은 것이 최근 자주 귀에 들리는 "자연을 소중히 하자"라는 주장에서도 엿보인다.

문화 주택의 유행

'문화' 라는 말은 다이쇼 시기 저널리즘이나 정치가에서 '문화' 생활, '문화' 학원, '문화' 냄비,[35] '문화' 만주[饅頭][36] 등 일반 민중의 생활 속으로도 전파되어 간다. 여기서는 그중 하나인 '문화' 주택에 대해 살펴보기로 하자.

건축학자인 니시야마 우조西山夘三(1911~1994)의 《일본의 주거》(勁草書房, 1976)에 따르면 1920년에 1차 세계대전의 종료를 기념하는 박람회가 도쿄에서 열렸을 때 건축업자들이 모델 하우스를 늘어세우고 '문화촌' 이라는 이름을 붙였다. 빨간 기와, 유리창, 흰 커튼 등 서양풍을 도입한 일식·양식 절충의 집은 큰 인기를 끌어 '문화 주택' 으로 불리게 되었다고 한다. 이것이 왜 '문화' 였을까.

건축학회에서도 같은 해 '건축과 문화생활' 이라는 주제로 강연회를 열고 있다. 그 내용이 《건축잡지》(제416호, 1921년 6월)에 게재되어 있는데, 개회사에서 학회 회장인 도쿄제국대학 명예교수 나카무라 다쓰타로中村達太郎(1860~1942)는 다음과 같이 말하고 있다. 처음에는 테마를 '건축과 생활개선'으로 할 예정이었지만 '건축과 문화 생활'로 바꿨다. "문화주의에 의거해 바꾸었습니다." 그리고 '문화'가 중요한 이유에 대해 이렇게 말하고 있다.

우리의 예전 적국이었던 독일에 대해서도 학술상 우리는 경모하고 있습니다. 역시 독일의 문화가 세계에서 우월하기 때문이라고 생각합니다.

이어서 이 강연회에서는 건축학자들 뿐만 아니라 도쿄 시장인 고토 신페이後藤新平(1857~1929), 정치학자인 요시노 사쿠조吉野作造(1878~1933) 등도 강연을 했는데, 니시야마 우조가 한마디로 정리해서 말하고 있듯이 "거의 모든 사람이 '문화'를 '명확히 설명하기 어렵다고 말하고 있다'. 그 '명확히 설명하기 어려운' '문화'를 왜 정면에 내걸었을까. 그 사정은 일본의 번역어 일반에 해당되는 현상으로 왠지 고급스런 어감이나 효과 때문인데, 이것을 의식적으로 설명하려고 한다면 회장인 나카무라가 적절하게 말하고 있듯이 역시 '독일의 문화가 세계에서 우월하기 때문'이라고 말하는 수밖에 없을 것이다.

'문화' 주택은 당시의 중류, 인텔리 계급의 동경의 대상이었다. 양관洋館이라는 것은 한 시대 전인 메이지 시기에서 이른바 상류계급의 주거인 반면에, '문화' 주택이라는 것은 양관보다는 좀 작지만 응접실과 넓은 거실, 독방을 갖추고 있어 가장家長뿐만 아니라 가족 모두의 생활도 중시하는 서양풍의 근대적인 주거이다. 이 주택은 시대의 풍조를 타고 도쿄에서 오사카大阪, 고베神戸로 확산되고, 이윽고 일본의 전 도시로 보급되어 갔다.

그러다가 미국에서 아파트먼트 하우스가 활발하게 건설되자 그 영향을 받아 모리모토 고키치森本厚吉(1877~1950)[37]는 1922년에 아파트 건축을 추진하는 '문화보급회'를 설립한다. 그리고 1925년 간다神田 오차노미즈お茶の水에 서양풍의 '문화 아파트먼트'가 건설되었다. 미국에서 건너 온 '문화'였지만 역시 '문화'로 불리고 있다. 아파트가 당시의 서민들에게는 약간 사치로 여겨지고 있었던 것 같지만, 1923년 간토関東 대지진 이후 주택의 수요에 부응해 많이 건설되기에 이르렀다.

이윽고 2차 세계대전 후 패전으로 가난해진 일본에서 도시의 건축은 아파트에서부터 시작되었다. 이것을 오사카·고베 지구에서는 '문화 주택'이라고 불렀다. 전쟁 전의 호칭을 그대로 이어받은 것이지만 경제 성장과 더불어 아파트는 그 가치가 급속히 떨어져 저소득자용 주택으로 전락해 갔다. 그러다가 '아파트'와 '문화'의 호칭이 분화되어 '아파트'는 설비를 공동으로 사용하는 집합 주거로 '기친木貨[38] 아파트'로도 불리고, 다른 한편으로 '문화'는 '분카ブンガ'[39]라고도 쓰이며 집집마다 화장실과 부엌이 있는 한 단계 위의 아파트를 지칭하게 되었다.

독일어에서
온 '문화'

文
化

'쿨투어'의 역사

일본의 일부 지식인들은 앞에서 언급한 바와 같은 동경심을 갖고 독일어의 쿨투어Kultur를 입에 담았는데, 그것은 아마도 쾨베르 박사의 교육이나 신칸트파 철학 등이 일본의 구제舊制 고등학교[40]를 통해 계승된 데 기인할 것이다. 구제 고등학교는 독일의 김나지움Gymnasium을 모델로 한 학제로, 다이쇼 시기부터 쇼와 초기에 걸친 시기에 철이 든 일본의 엘리트 젊은이들의 정신이나 감성을 형성하는 데 깊은 영향을 준 곳이다. 그러면 그 독일어의 쿨투어라는 말과 관련해 그 역사를 살펴보기로 하자.

일본어 번역어 '문화'의 역사는 의외로 짧아 1915년경 이후의 말이다. 그러나 독일어 쿨투어의 역사도 의외로 얼마 되지 않았다. 쿨투어는 18세기 계몽주의 시대에 프랑스로부터 치빌리자치온Zivilisation과 함께 수입된 말이다. 철학자 칸트Immanuel Kant(1724~1804)는 《인간학》(원저 1798년. 山下太郎 역, 《カント全集》 제14권, 理想社, 1966) 속에서 쿨투어를 인간의 정신이 자연을 극복하고 고양되어

간다는 의미로 사용하고 있다. 이것은 프랑스어의 culture, 라틴어의 cultura에 해당하는 것으로 인간의 개인 정신을 만든다는 의미로 사용되고 있었던 것을 계승한 용법이다. 칸트가 이해한, 쿨투어가 '자연Natur'과 대립하는 의미로 파악되는 방식도 라틴어에서 colere가 '논밭을 갈다'는 의미였던 것을 이어받고 있다.

그후 독일의 문인이나 학자들, 예컨대 괴테Johann Wolfgang von Goethe(1749~1832)에서도 같은 의미의 용례가 보이지만 그 영향은 소수의 지식인에게만 미치고 있었다.

쿨투어가 독일어로 널리 알려지고 독일 정신을 이야기하는 중요한 단어로 여겨지게 된 것은, 부르크하르트Jakob Burckhardt가 《이탈리아 르네상스의 문화》(원저 1860년. 柴田治三郎 역, 《イタリア·ルネサンスの文化》 상·하, 1974)에서 쿨투어를 하나의 시대정신을 표상하는 말로 사용하고 나서부터의 일이다. 이 쿨투어의 의미가 이윽고 영어의 컬처에, 그리고 좀 더 늦게 프랑스어에도 전해졌다. 따라서 부르크하르트의 이 용법이 서양어로서의 쿨투어의 획기적인 의미의 출현이었다고 할 수 있을 것이다.

이와 같이 쿨투어가 개인의 교양이라는 의미를 떠나 관념화되어 갈 때, 이에 조금 앞서 프랑스에서는 앞에서 언급한 바와 같이 이것과 상당히 비슷한 의미의 시빌리자시옹civilisation이라는 단어가 점차 성장해 가고 있었다. 이 두 단어는 같은 시기에 독일에 들어왔기 때문에 서로 대조적으로 의미가 형성되기에 이르렀다.

'문화' 대 '문명'의 싸움

쿨투어는 농작물을 경작하는 것에서 전화해 인간 정신을 창조한다는 의미를 지니게 되었기 때문에 한 시대·한 국민의 정신, 그 성과라는 의미에서도 독일인은 예술, 학문 등에 있어서의 천재의 활동을 중시했다. 이에 반해 프랑스어의 시빌리자시옹civilisation은 본래 라틴어 '시민'의 형용사인 civilis(영어로는 civil)에서 온 말이기 때문에 시민 사회 전체의 발전·성과를 나타내는 표현 쪽으로 기운다. 또한 시민 사회의 선진국인 프랑스 사람들이 애호하는 단어가 되어 간다. 독일은 원래 이 이웃의 대국에 대한 대항 의식이 강하기 때문에 이윽고 '프랑스의 시빌리자시옹' 대 '독일의 쿨투어'라는 관념의 도식이 만들어지게 된다.

이미 18세기에 칸트의 《인간학》에서도 쿨투어를 치빌리자치온의 상위에 두는 의미로 사용하는 용법이 나타나고 있지만, 부르크하르트에 뒤이어 같은 바젤대학에 부임해 온 니체Friderich W. Nietzsche(1844~1900)가 이 관념들의 대립 도식을 만들어 내고 있다. 《권력에의 의지》(원저 1901. 原佑 역, 理想社, 1962)에서 니체는 이렇게 말하고 있다.

쿨투어 대 치빌리자치온, — 쿨투어와 치빌리자치온의 정점頂點은 서로 떨어져 있다. 쿨투어와 치빌리자치온의 심연을 사이에 둔 적대 관계와 관련해 헷갈려서는 안 된다. 쿨투어의 위대한 시점時點은 도덕적으로 말하면 언제나 부패의 시대이고, 반대로 인간을 가축으로 길들이려 하며 강제하는 시기(치빌리자치온의 시기)는 더없이 정신적이고 대담한 정신의 소유자에게는 견딜 수 없는 시대이다. 치빌리자치온이 의욕을 보이는 것은 쿨투어가 의욕을 보이는 것과는 어딘지 모르게 다르다. 아마도 어딘지 모르게 반대되는 것인 듯하다.

또한 퇴니스Ferdinand Tönnies(1855~1936)[41]의 유명한 《게마인샤프트와 게젤샤프트》(원저 1887. 杉之原壽一 역, 《ゲマインシャフトとゲゼルシャフト—純粋社會科學の基本概念》, 岩波文庫, 1957)에도 그 마지막쯤에 다음과 같은 구절이 있다.

이러한 사회 상태는 우리의 개념에 따르면 게젤샤프트적 치빌리자치온의 상태이다. 즉 여기에서는 평화와 교역이 협약 및 협약 속에 표현되어 있는 상호적 공포恐怖에 의해 유지되고 있다. 이러한 치빌리자치온은 국가에 의해 보호되고 입법과 정치에 의해 완성된다. 그리고 과학이나 여론은 이러한 치빌리자치온 상태를 혹은 필연적이고 영원한 것으로 해석하려 애쓰거나, 혹은 완성으로 향하는 발걸음으로 예찬한다. 그러나 민족성과 그 쿨투어가 유지되는 것은 오히려 게마인샤프트적인 생활·질서 속에서이다.
…… 모든 쿨투어가 게젤샤프트적·국가적 치빌리자치온으로 변화한 이상은, 산재하는 쿨투어의 맹아가 살아남거나, 혹은 게마인샤프트의 본질과 이념이 다시 배양되어 쇠멸해 가는 쿨투어 속에서 새로운 쿨투

어가 은밀히 발전하는 일이 없는 한, 쿨투어가 그처럼 형태를 바꾸는 것은 쿨투어 자체의 멸망을 의미한다.

이리하여 쿨투어는 치빌리자치온보다 고급스럽고 게다가 치빌리자치온에 의해 위협당하고 있다는 대립 도식이 성립한다.

이 도식은 이윽고 슈펭글러의 《서구의 몰락》에서 결정적인 형태를 취한다. 이 책에서 슈펭글러는 다음과 같이 말한다. 일찍이 그리스의 '문화'가 헬레니즘, 로마를 거치면서 이윽고 쇠퇴했듯이 당대 서구의 쿨투어도 몰락한다. 대체로 인류 역사상의 '문화'는 계절의 변화처럼 필연적으로 쇠멸해 간다. 그리고 그 쇠멸의 단계가 '문명'(치빌리자치온)이다. 요컨대 쿨투어는 치빌리자치온의 단계에 이르러 몰락한다고 슈펭글러는 말했던 것이다.

프랑스의 '문명' · 독일의 '문화'

《서구의 몰락》이 출판된 것은 마침 1차 세계대전이 끝난 직후의 일이었다. 사람들이 눈앞에서 유럽이 파괴된 참상을 보고 있다는 사정도 있고 해서 이 책은 큰 인기를 끌었다. 그때까지는 유럽을 곧 세계로 보던 시대였기 때문에 세계의 예언서라는 식으로 받아들여져 먼 훗날까지 영향을 미쳤다. 그리고 '서구의 몰락'이나 '위기의 시대'는 유행어가 되었다.

유럽이 전장이 되어 황폐해진 반면에 유럽 이외의 나라, 즉 미국이나 일본 등이 세계에 대두하기 시작한 사정도 '문화', '문명'의 중심을 자부해 온 유럽인의 위기 의식을 고양시켰다. 프랑스의 대표적 지식인인 폴 발레리Paul Valéry(1871~1945)[42]의《정신의 위기》(원저 1919. 桑原武夫 역,《ヴァレリー全集》제11권, 筑摩書房, 1967) 등의 평론은 이러한 배경에서 나오고 있다.

1차 세계대전은 프랑스와 독일의 전쟁이 중심이었지만, 한편으로는 '프랑스의 시빌리자시옹(문명)' 대 '독일의 쿨투어(문화)'라는 이데올로기의 전쟁이었다고도 할 수 있다. 양국 모두 대전 중에 이것을 선전했지만 프랑스보다는 독일 쪽이 시빌리자시옹에 대한 쿨투어의 위기에 민감해 후진국으로서의 의식에서 선진국 프랑스에 대해 대항심을 불태우고 있었던 것 같다.

프랑스의 작가 로맹 롤랑Romain Rolland(1866~1944)[43]은 1차 세계대전이 발발한 해에 집필한《전쟁을 넘어서》(원저 1915. 宮本正清 역, みすず書房, 1982)라는 정치논집에서 독일의 작가 토마스 만 Thomas Mann(1875~1955)[44]이 쿨투어의 위기를 주장하며 그것을 옹호하는 데 열중하고 있는 것을 비판하며 이렇게 말하고 있다.

만은 "양자(쿨투어와 시빌리자시옹) 사이에는 아무런 공통점도 없다. 지금 벌어지고 있는 전쟁은 시빌리자시옹에 대한 '쿨투어'(즉 독일)의 전쟁이다"라고 선언하며 오만한 허풍을 미친 짓거리로까지 밀고나가……

나는 편견을 담고 있는 것이 아니다. 나는 프랑스의 지식인들에 대해서도 긍지를 느끼지 않는다. 그들이 매우 남용하는 인종, 시빌리자시옹, 라틴성 등과 같은 우상은 나를 만족시키지 못한다. 나는 어떠한 우상도 좋아하지 않는다.

적어도 프랑스의 지식인은 독일의 지식인들이 비정상적으로 쿨투어에 열을 올리고 있던 것만큼 냉정함을 잃고 있지는 않았던 것 같다.

일본 문화론의
시대

《국화와 칼》

패전 직후의 일본에 그 이후에도 지속적으로 영향을 미친 획기적인 일본 '문화' 론이 등장했다. 미국인 학자 루스 베네딕트Ruth Benedict(1887~1948)[45]의 《국화와 칼―일본 문화의 유형》(원저 1946. 長谷川松治 역, 社會思想社, 1966)이 그것이다. 이 책은 미국 정부의 의뢰로 집필하기 시작해 1946년에 출판되었으며 그후 미국 점령군의 정책에 영향을 주었다고 하는데, 이윽고 1948년에 일본어 번역본이 나와 일본인들 사이에서도 큰 반향을 불러일으켰다. 베네딕트는 일본 '문화' 를 수치의 '문화' , 서양 '문화' 를 죄의 '문화' 라는 유형pattern으로 파악해 일본의 전체적인 모습을 훌륭하게 그려 보여주었다. 예를 들어 다음과 같은 묘사는 패전 직후의 일본인들에게 틀림없이 뼈저리게 느껴졌을 것이다.

상황이 변하면 일본인은 태도를 바꿔 새로운 진로를 향해 걸어갈 수 있다. 일본인은 태도를 바꾸는 것을 서구인처럼 도덕적인 문제로 생각하지 않는다. 우리는 '주의主義'에 열중하고, 이데올로기적인 것에 관한 신념에 열중한다. 우리는 설령 패하더라도 여전히 계속 전과 같은 생각을 한다. 전쟁에 패한 유럽인은 어느 나라에서나 다 도당을 짜서 지하 운동을 벌였다. 그러나 일본인은 소수의 완강한 저항자를 제외하고는 미국 점령군에 대해 불복종 운동을 벌이거나 지하 잠행적인 반대를 할 필요성을 인정하지 않는다. 그들은 오래된 주의를 고수해야 할 도덕적 필요성을 느끼지 않는다. 점령 당초부터 미국인은 혼자서 콩나물시루 같은 열차를 타고 일본의 궁벽한 벽촌으로 여행을 떠나도 아무런 위험도 느끼지 않았다. 일찍이 국가주의에 열중하고 있었던 관료들이 정중한 예로 미국인을 맞았다. 지금까지 한 번도 복수가 행해진 일이 없었다. 우리의 지프가 마을을 통과할 때에는 길가에 어린애들이 늘어서서 '헬로', '굿바이'를 외친다. 그리고 스스로 손을 흔들 수 없는 작은 갓난아이의 경우에는 엄마가 그 손을 잡고 미군을 향해 흔들어 준다.

일본은 '수치'이고 서양은 '죄', 일본은 '집단주의'이고 서양은 '개인주의', 이런 식으로 일본의 '문화'를 서양의 '문화'와 대조시키며 유형으로 파악한 '문화'론은 그후 많은 사람들의 입을 통해 되풀이해서 전해 내려가게 되었다.

미국인의 문화관

《국화와 칼》은 오늘날에도 문화인류학자나 비교문화학자가 일본 '문화' 론의 대표적인 작품을 들 때 반드시 언급하는 책이다. 문화인류학자인 아오키 다모쓰靑木保(1938년 출생)[46]는 그의 저서인 《'일본 문화론' 의 변용》(中央公論社, 1990)에서 전후戰後부터 오늘날까지 수없이 많이 쓰인 주요 일본 '문화' 론은 이《국화와 칼》의 영향하에 이루어지고 있었다고 말하며 이 한 권의 책을 중심에 두고 자신의 저서를 쓰고 있다.

베네딕트의 이 책에 결점이나 오류가 없는 것은 아니다. 특히 집필 시점이 일본과 미국이 한창 전쟁을 벌이고 있을 때라 현지인 일본에 올 수 없었기 때문에 문서 기록 외에는 재미 일본인들로부터 청취한 것만을 자료로 삼고 있었다. 이것은 문화인류학자의 연구서로서는 완전히 이례적인 것으로 이로 인해 정보가 부족한 분석이라는 비판을 받았다. 또한 일본인 연구자로부터 자주 지적받고 있듯이 지나치게 일반화하고 있다는 점, 근세에서 근대 초에 걸친 한정된 시대만의 사상事象을 거론하고 있다는 점에 대해서는 나중에 서술하기로 하겠다.

하지만 그럼에도 이 책은 획기적인 일본론이며, 아오키 다모쓰는 이 점과 관련해 앞에서 언급한 책 속에서 이렇게 말하고 있다.

《국화와 칼》이 종래의 연구와 '전혀 다른' 일본 연구서인 이유는, 이것이 베네딕트가 말하는 "어떤 고립된 행동이라도 서로 뭔가의 체계적인 관계를 갖고 있다"는 전제에서 출발해 "몇백 개나 되는 개개의 단계單系가 어떤 식으로 통합적인 유형(패턴)으로 분류되고 있는가"를 중시하는 '문화 유형' 연구이기 때문만은 아니다. 그 이유는 두 가지이다. 하나는 이것이 '문화상대주의'적 입장에서 이루어졌다는 것이고, 둘째는 '미국(혹은 일반적으로 말하는 '구미') 대 일본'이라는 의식적인 비교 위서 이루어졌다는 점이다. 특히 후자의 경우 통상 인류학적 연구에서는 '문명(서구 문화)' 대 '미개 문화'라는 형태의 비교가 흔히 발견되지만, 베네딕트에서는 이런 '편향'을 벗어나려는 시도가 많이 엿보인다.

'문화상대주의'라는 기본 사상, 여기에 베네딕트로 대표되는 미국의 컬처에 대한 시각이 존재한다. 그것은 독일의 쿨투어관觀뿐만 아니라 유럽의 컬처관과도 다르다.

'문화'의 상대화

문화인류학이라는 학문은 새로운 학문으로, 그 연원은 서양이 세계 각지에 식민지를 갖게 되면서 현지 사정을 이해하기 위한 필요에 의해 생겨났다고 할 수 있을 것이다. 스페인이나 포르투갈의 지배자는 식민지의 주민을 제대로 된 상대방으로 생각하고 있지 않았기 때문에 신기한 것을 조사하는 경우는 있어도 객관적으로 연구할 필요는 없었다. 영국이나 프랑스의 시대에 이르러서야 겨우 현지인을 '미개, 원시'의 주민으로서 상대할 필요성을 느끼기 시작했다. 민족학이라 불리는 것이 그 기원이다.

이 학문이 컬처라는 말을 사용하며 생각하기 시작한 것은 19세기 말경이 되고나서부터이다. 컬처라는 말로 서양의 컬처와는 다른 또 하나의 별개의 컬처가 있다고 생각하게 되면서부터 객관적인 학문의 형태를 갖추게 되었다. 영국의 학자 타일러Edward B. Tylor(1832~1917)[47]의 유명한 정의가 바로 그 시초일 것이다. 즉 "컬처 또는 시빌리제이션이란 지식, 신앙, 예술, 법률, 관습 등 사회의 구성원으로서 인간이 획득한 모든 능력과 습관의 복합 총체이다"(*Primitive Culture: Researches into the Development of Mythology, Philosophy, Religion, Language, Art and Custom*, 1871. 比屋根安定抄 역,《原始文化》, 誠信書房, 1962)라는 것이다.

타일러는 문화인류학의 아버지로 일컬어지는데, 이후 영국을 중심으로 이 학문이 발전하게 된다. 이윽고 20세기에 접어들어 보아스Franz Boas(1858~1942)[48]를 중심으로 미국의 문화인류학이 생겨났다. 영국 등 유럽의 문화인류학자들이 자신들의 컬처 바깥의 식민지의 컬처를 연구 대상으로 삼은 데 반해, 보아스에서 시작되는 미국의 학문은 자국 내에 있지만 자신들의 컬처와 다른 컬처, 즉 인디언이나 흑인의 컬처를 정면으로 문제로 채택했다. 이것이 미국 문화인류학과 유럽 문화인류학의 결정적인 차이이다. 컬처 개념 자체의 차이도 여기에서 생겨났다. 서구의 컬처만이 유일한 보편적 컬처는 아니다. 인디언의 컬처도, 그 여러 부족의 각각의 컬처도, 흑인의 컬처도 각기 독립적이며 가치 면에서 대등한 컬처라는 생각이 여기서 자라났다. 이것이 이른바 '문화상대주의 cultural relativism'이다.

베네딕트는 보아스에게 직접 가르침을 받은 제자로 주요 저서인《문화의 유형》(원저 1934. 米山俊直 역, 1973)은 '문화상대주의'를 완성시킨 책으로 평가받고 있다.

일본 문화의 유형

베네딕트의 《국화와 칼》은 일본에서 반향을 불러일으킨 일본 '문화' 론이지만 일본에 소개된 당초부터 반드시 올바르게 이해되고 있었다고는 말하기 어렵다. 그 이유 중 하나는 이 책이 전시 중에 전쟁 상대인 일본을 알기 위한 목적에서 쓰였다는 사정에서도 연유할 것이다.

《국화와 칼》의 첫머리에서 베네딕트는 이렇게 말하고 있다.

일본인은 미국이 지금까지 전력을 기울여 싸워 왔던 적 가운데에서 가장 속내를 이해할 수 없는 적이었다. 우리는 ……서양의 문화적 전통에 속하지 않는, 완전히 무장되고 훈련된 국민과 싸우고 있었다. 서양의 여러 나라가 인간의 본성에 속하는 것으로 승인하기에 이른 전시戰

時의 관례가 명백히 일본인의 안중에는 존재하지 않았다. …… 우리는 적의 행동에 대처하기 위해 적의 행동을 이해해야 했다.

그래서 이 적국 일본의 '문화'를 유형으로서 "문화인류학자로서 어떤 고립된 행동도 서로 무엇인가 체계적인 관련을 갖고 있다는 전제에서 출발"해 연구해 가려고 한다.

그리고 먼저 제2장 〈전시 중의 일본인〉에서 "일본인이 서구의 전시 관례를 위반하며 행한 모든 행위가 그들의 인생관을 알고 인간의 의무 전반에 관한 그들의 신념을 이해하는 자료가 되었다"고 말하면서 다음과 같은 예를 들고 있다.

서구의 군대라면 최선의 노력을 다한 뒤에 중과부적임을 깨달으면 적군에게 항복한다. 그들은 항복한 뒤에도 여전히 자신을 명예로운 군인으로 생각하며, 자신들이 살아 있는 것을 가족에게 알리기 위해 그 이름을 본국에 통지한다. 그들은 군인으로서도, 국민으로서도 또한 그들 자신의 가정에서도 모욕을 받지 않는다. 그러나 일본인은 상황을 다른 식으로 규정하고 있었다. 즉 죽을 때까지 싸우는 것이었다. 전혀 희망이 없는 상황에 몰릴 경우 일본군은 마지막 한 발의 수류탄으로 자살하든가, 무기도 없이 적의 진영으로 돌격을 감행해 집단 자살을 해야지 결코 항복해서는 안 되었다. 설사 부상을 입거나 기절해 포로가 된 경우라도 그는 "일본에 돌아가면 얼굴을 들고 다닐 수가 없다"는 것이었다. 그는 명예를 잃었다. 그 이전의 생활에서 보면 그는

'죽은 자'였다.

그런데 이 일본군 병사는 일견 완전히 반대의 태도로 나온다. 그 것은,

……그들은 미국인이 포로라는 데서 조금도 수치를 느끼지 않는다는 사실을 납득할 수 없었다.

서구의 군인들과 일본의 군인들 간의 가장 현저한 차이는 확실히 후자가 포로로서 연합군에 협력을 한 점이다. 그들은 이 새로운 처지에 적합한 생활 규칙을 알지 못했다. 그들은 명예를 잃은 자이며, 그들의 일본인으로서의 생명은 끝났다. …… 어떤 포로는 죽여 달라고 애원했다. "그러나 만일 당신들의 관습이 그것을 허용하지 않는다면 나는 모범적인 포로가 되겠습니다"라고 말했다. 이들은 모범적인 포로 그 이상의 존재였다. 오랫동안 군대 밥을 먹고 장기간 극단적 국가주의자였던 그들이 탄약 집적소의 위치를 알려 주고, 일본군의 병력 배치 상태를 자세히 설명해 주는 한편, 우리 군의 선전문을 쓰고 우리 군의 폭격기에 동승해 군사 목표로 유도했다. 그것은 마치 새로운 책장을 넘기는 것 같았다.

'집단'에 대한 '수치' 의식으로 결속되어 있을 때에는 "죽을 때까지 싸운"다. 그러나 일단 '집단' 밖으로 나와 '수치' 의식을 잃어버리게 되면 예상도 못할 정반대되는 행동도 감행한다. 지금까

지와는 전혀 다른 원리의 '집단'이라도 굳이 적응해 가려고 한다. 서양인의 행동 원리, 즉 '개인'이 '죄' 의식에 의해 지탱되고 있는 원리와는 다르다. 일본군의 강점과 약점, 일본 문화의 장점과 결점도 여기에 있다고 할 수 있을지 모른다. 이것은 전쟁 중에 발견된 병사의 사례이지만, 이런 행동 '유형'이 오늘날의 일본인의 행동 '유형'이기도 하고, 오늘날에도 여전히 일본 '문화'의 '유형'이기도 하지 않을까.

와쓰지의 베네딕트 비판

《국화와 칼》이 일본에 소개되고 나서 얼마 안 되어, 즉 1950년에 일본의 민족학회 잡지 《민족학 연구》(제14권 4호)가 이 책에 대해 특집호를 편성했다. 그 특집호에서 법사회학자 가와시마 다케요시 川島武宜(1909~1992)는 "일본인의 정신 생활과 문화에 대해 이토록 생생한 전체상을 그려 내, 이것을 분석해 기본적인, 전체에 대해 결정적인 의미를 갖는 여러 가지 특징을 도출해 낸 저자의 놀랄 만한 학문적 능력"에 대해 극구 칭찬했다. 그러나 이러한 평가는 오히려 예외이며, 다른 유명한 학자들, 즉 미나미 히로시南博(1914~2001), 와쓰지 데쓰로和辻哲郎, 야나기다 구니오柳田國男(1875~1962) 등은 그 정도의 평가를 내리고 있지 않다. 그중에서도 와쓰지 데쓰로는 완전히 부정적이었다. 와쓰지의 베네딕트 비판에 대해 살펴보기로 하자. 와쓰지는 다음과 같이 말하고 있다.

이 책의 첫머리에 "서양의 여러 나라들이 인간의 본성에 기반을 둔 사실로서 승인하기에 이른 전시 관례는 명백히 일본인의 안중에는 존재하지 않았다"고 되어 있습니다. 이런 생각이 제2장에 상세히 전개되어 있지만, ……이 책은 '일본 군인의 유형'을 논하고 있는 것이지 '일본 문화의 유형'을 논하고 있는 것은 아닙니다. 아니, '일본 군인의 유형'이라 해도 여전히 지나쳐 '국수주의적 군인의 유형'이라고 한정이라도 하지 않으면 정확하지 않을 것입니다. 일본인은 대부분 그러한 행위가 행해지고 있었던 것을 확실히 알고 있지도 않습니다. 때때로 잔학 행위의 소문을 얻어 듣는다 해도 그것은 소수의 난폭자, 무법자가 하는 짓이지 일본의 군대가 공공연히 그런 행위를 한다고 믿고 있지 않았습니다(〈과학적 가치에 대한 의문〉).

베네딕트는 이 책에서 일본군의 '전시 관례'의 위반 사례를 여럿 들어가며 논하고 있지만 특별히 전쟁 중 일본군의 '잔학 행위'에 대해 쓰고 있지는 않았다. '잔학 행위'에 대해 아직 모르고 있었을지도 모른다. 그리고 민족학회의 이 특집호가 나올 무렵에는 그것이 일본 사회에서 화제가 되고 있었다는 사정도 알고 있을지 모른다. 하지만 베네딕트가 일본군의 '전시 관례' 위반에 대해 지적한 것을 와쓰지가 곧바로 일본군의 '잔학 행위' 비판으로 받아들인 것이 그리 잘못된 것은 아닌 듯하다. '잔학 행위' 또한 베네딕트가 지적하는 일본 '문화' 유형이 가진 본연의 모습의 문제로 이해될 수 있기 때문이다. 즉 이질적인 '문화'와 직접 마주친 경험이 매우 적은 일본인이 모국의 '집단' 규범에서 벗어나 '수치'의 받침대를 잃어버렸을 때의 현상으로서 전시 중에 포로가 된 일본 병사의 행동과 공통되는 문제로도 생각되기 때문이다. 어쩌면 와쓰지도 이와 같이 이해했을지도 모른다. 와쓰지는 앞의 인용문에 이어 다소 격렬한 어조로 이렇게 말하고 있다.

그 증거로 군부 쪽에서도 난징南京 대학살이라든가 포로 학대라든가 하는 사실을 그저 숨기려고만 하며 결코 국민에게 알리려고 하지 않았습니다. 저자가 말하듯이 일본인이 그런 위반 행위를 태연히 자행하고 있었다면 어째서 그것을 국내에서 그저 숨기려고만 할 필요가 있었겠습니까.

그리고 이어서 러일전쟁 중 적의 사령관 스테셀Anatoly M. Stessel이 일본군에게 항복한 뒤 우대를 받은 일, 역사상에서 구마가이 나오자네熊谷直實가 미나모토노 요리토모源賴朝에게 항복하고 존경을 받은 일,[49] 질 줄 모르는 무사는 '멧돼지 무사'[50]로 경멸당하고 있는 것 등을 말하고 있다. 그리고 와쓰지는 계속해서 주로 베네딕트가 이 책의 첫머리 쪽에서 전쟁 중의 일본인의 행동을 들어 분석하고 있는 것에 대해 하나하나 격렬하게 반론하고 있다.

문화의 가치

이 논쟁 내용의 옳고 그름은 일단 차치하고, 여기서는 베네딕트와 와쓰지 데쓰로라는 두 학자의 '문화'론의 문제로서 생각해 보고 싶다. 와쓰지도 《풍토風土》(《和辻哲郎全集》 제3권, 岩波書店, 1962)나 《일본 고대 문화》(같은 전집 제8권) 등을 집필하며 일본뿐만 아니라 서양의 '문화'에 대해서도 생각해 온 일본 유수의 '문화'론자였다.

와쓰지의 반베네딕트론의 근거는 무엇보다도 베네딕트가 말하자면 일본의 '험담'을 하고 있다고 받아들인 데 있다고 나는 생각한다. 이후 《국화와 칼》에 대해 논하는 일본인은 대부분 이 책을 그런 식으로 읽고 있다. 그 결과 와쓰지와 마찬가지로 따라서 《국화와 칼》은 틀렸다고 말하는 사람도 물론 있었지만, 오히려 따라서 《국화와 칼》은 훌륭하다고 평가하는 사람이 더 많았다. 높이 평가한 측은 이른바 '근대파'[51]의 입장에 서 있는 사람들로, 베네딕트의 지적은 전근대적이고 봉건적인 일본 '문화' 비판이며 이런 후진적인 '문화'를 서양의 개인주의적·민주주의적인 근대적 '문화'로 개혁해 가야 한다고 생각하며 공감했던 것이다.

와쓰지는 베네딕트의 지적에 대해 일본 '문화'가 후진적인 봉건적 '문화'라는 비판으로 받아들인 점에서는 근대파 사람들과 공통점을 갖고 있다. 그러나 일본은 그렇게 후진적인 봉건적 '문화'를 지니고 있는 나라가 아니라고 반론하는 점에서는 근대파와 다르

다. 앞의 논문 끝부분에서 와쓰지는

> 저자가 만일 '일본 봉건 시대의 풍습에 대해서' 라든가 '현대 일본의 봉건적 유습遺習에 대해서' 와 같은 제목을 내걸고 그 한 부분에 연구를 집중했다면 얼마간 학문적 가치를 요구할 수도 있었을 것입니다.

하고 말한 뒤에 이에 반론을 펼치며 일본인은 한 사람 한 사람의 자기 주장이 더욱 분명하며 이를테면 '개인주의' 적이라고 주장하고 있다.

그러나 베네딕트는 일본 '문화' 가 후진적이라든가 봉건적이기 때문에 좋지 않다고 말한 것이 아니다. 기본적으로 일본은 서구와 비교할 때 별개의 '문화' 라고 말한 것이다.

베네딕트의 《국화와 칼》을 받아들인 일본인은 이에 대해 반론을 펼치는 와쓰지이든 찬성하는 근대주의자이든 모두 후진적인 봉건적 '문화' 는 좋지 않고 근대적인 '문화' 는 좋다고 생각하고 있었다. 즉 그들은 '문화' 에 가치의 상하가 있는 것을 당연한 전제로 삼고 있었다. 요컨대 베네딕트가 제시한 '문화상대주의' 의 '문화' 와는 '문화' 에 대한 이해 방식이 달랐던 것이다.

일본 문화론의 맹점

하루미 베푸Harumi Befu(1930년 출생)[52]는 일본 '문화' 론의 유행을 비판하며 《이데올로기로서의 일본 문화론》(思想の科學社, 1987)을 쓰고 있다. 이 책에 나와 있는 쓰루미 슌스케鶴見俊輔(1922년 출생)[53]와의 대화에서 베푸는 이렇게 말하고 있다.

재미있는 것은 미국에는 문화론적인 것이 없다는 사실입니다. 중국에도 그에 상당하는 것이 없습니다. 그런 장르가 없습니다. 중국인은 자부심이 강하기 때문입니다. 자신이 누구인가 하는 것을 잘 알고 있기 때문에 자신이 누구인가 하는 정체성의 문제가 일어나지 않습니다. 미국인도 마찬가지로 미국이 세계에서 가장 강한 나라라고 생각하고 그것으로 만족하고 있습니다. 일본의 경우는 그렇지 않습니다. 그렇지 않다는 자각이 문화론을 만들어 가는 것입니다.

이 구절은 세상에 일본 '문화' 론이 유행하는 현상의 맹점을 찌른 의견일 것이다. 예컨대 미국인이 '민주주의' 나 '인권' 에 열중하듯이 일본인은 '일본 문화론' 에 몰두하고 있다. 그것이 바로 일본의 이데올로기라고 하면 과연, 하고 이해가 된다.

하기는 베푸가 여기서 유럽의 예를 들고 있지는 않지만, 필자가 지금까지 설명해 온 과거 프랑스인의 시빌리자시옹이나 독일인의 쿨투어에 대한 관심에도 이와 비슷한 점이 있을 것이다. 특히 독일인의 쿨투어는, 필자가 말했듯이 그 이웃 나라에 대한 열등감도 작용하고 있었다는 점을 고려하면 일본인의 '일본 문화론'에 대한 관심과 상당히 유사할지도 모른다.

베푸는 앞에서 언급한 발언에 이어서 다시 이렇게 말하고 있다.

졌기 때문에 '아니, 지지 않았다'는 논의가 필요해진다. 열등하기 때문에, '아니, 그렇지 않다, 이런 것으로 남보다 열등하지 않다'는 것을 말하고 싶다. 거기서 문화론이 등장하게 된다.

그러나 이 의견에는 나는 찬성할 수 없다. '일본 문화론'은 반드시 모두 '아니, 지지 않았다, ……열등하지 않다'는 논의만 하고 있지는 않다. 특히 앞에서 언급한 베네딕트의 '일본 문화론'이 소개될 무렵 패전 이후의 '일본 문화론'은 이를테면 '졌다, 열등하다'는 논조 쪽이 압도적이었다. 이른바 '근대주의자'들의 의견이다. 서양의 근대 시민 사회를 모범으로 삼지만 표면적으로는 그 '서양의'라는 것을 드러내지 않거나, 혹은 의식하지 않은 채 인류 보편의 진보된 단계로서의 '근대'를 모범으로 삼아 일본의 현상은 '열등하다', '그러니까 일본은 안 된다'라는 식의 '일본 문화론'이 훨씬 더 많았다.

일본인의 문화관

확실히 베푸가 말하고 있듯이 1970년대 이후 일본의 경제 성장과 함께 '열등하지 않다'와 일본의 '문화'적 장점으로서의 '집단주의'를 강조하는 '일본 문화론'이 많아졌다. 그러나 이것은 '일본 문화론' 전체의 역사 속에서는 그 일면의 현상일 것이다. 예전에 '근대주의자'들이 주장한 '그러니까 일본은 안 된다'는 논의는 반드시 패전의 결과라고만은 할 수 없다. 예를 들어 나쓰메 소세키는 〈현대 일본의 개화〉(1911년 집필, 《漱石全集》 제11권에 수록)에서 이렇게 말하고 있다.

> 우리가 하고 있는 일은 내발적이 아니라 외발적이다. 이것을 한마디로 말하면 현대 일본의 개화는 피상적인 수박 겉핥기 식의 개화라는 것으로 귀결된다. …… 복잡한 문제에 대해 그렇게 과격한 말을 하는 것은 삼가야 하겠지만, 우리의 개화의 일부분 혹은 대부분은 아무리 자부심을 갖고 바라보더라도 피상적이라고 평가할 수밖에 없다. 하지만 그것은 나쁘니까 그만두라는 것은 아니다. 사실 어쩔 수 없다, 눈물을 머금고 피상적으로 미끄러져 가지 않으면 안 된다는 것이다.

'개화'라는 것은 '문명개화'의 '개화'이며, 이것은 대체로 그 후의 '문화'에 상당하는 말이다. 나쓰메 소세키의 이 평론은 유명한데, 그만큼 많은 일본인의 공감을 얻었다는 것을 말해 주고 있을 것이다.

일본인은 '개화' 이후에 비로소 일본이라는 한 나라를 바깥쪽에서 만들었다. 바깥쪽에서라는 것은 흔히 말하는 '외압'만을 의미하지 않는다. 물론 '외압'도 늘 있었지만 동시에 일본인 자신의 '개화'라는 행위를 통해 자주적으로 만들었다. 일본인에게는 '문화'라는 것도 다분히 이런 의미일 것이다.

일본 '문화'라고 하면 가부키歌舞伎,[54] 차, 무사도와 같은 '문화'론도 일부에 확실히 존재하지만, '문화'는 이제까지 기술해 온 바와 같이 서양에서 건너온 관념이었다. '문화'는 전체적인 폭넓은 시점을 당연히 요구하며, 사실 근대 이후의 '일본 문화론'은 그 방향으로 걸어왔다. 그것이 이르러야 하는 모범은 외부에 있다.

그 모범을 일본인은 자기 자신의 적극적인 의지로 받아들여 왔다. 그 성과가 어떤지는 역시 결국 전체적인 외부로부터의 평가에 의해 결정될 것이다.

일본인은 자기들의 성과가 어떤지 늘 신경 쓰지 않을 수 없다. 성과는 좋든가, 아니면 아직 충분하지 않든가 둘 중 어느 하나일 것이다. '일본 문화론'은 전체로서의 일본이 좋은가 나쁜가, 그 어느 한쪽이 되지 않을 수 없다. 베네딕트가 소개한 문화상대주의적인 '문화'관은 일본 '문화'론이 가장 다루기 벅찬 상대로 여기는 것이리라.

'문화' 개념의
확대

文
化

❖

원숭이에게 '문화'가 있을까

　원숭이에게도 '문화'가 있다는 주장이 있다. 일본의 원숭이학자가 맨 처음 이 말을 꺼냈다고 한다. 가와이 마사오河合雅雄(1924년 출생)는 다음과 같이 쓰고 있다.

　1953년에 미야자키宮崎현 고지마幸島에 사는 한 살 반 되는 어린 암컷 일본원숭이가 모래로 된 해변을 흐르는 실개천에서 고구마에 붙어 있는 모래를 씻어 낸 뒤 먹기 시작했다. 야생 일본원숭이에 관한 연구가 시작되고 나서 얼마 안 된 시기의 일이다. 미토 사쓰에三戸サツエ 씨의 제보로 가와무라 슌조川村俊藏 씨와 내가 그것을 처음 보았는데, 나중에 세계의 학회를 깜짝 놀라게 하는 사건으로 발전했다.
　고구마를 씻는 행동이 어린 암컷 원숭이의 형제, 엄마, 동료를 통해 전해져 무리의 대다수가 같은 행동을 하게 되었다. 우리는 그것을 문화적인 행동이라고 판단하고, 가와무라 씨가 나고야에서 개최된 인류학·민족학연합대회에서 발표했다. 독특한 발표로 주목받기는커녕 홀

룽한 선생님들로부터 큰 꾸지람을 듣고 천박한 생각이라는 주의를 받았다.

'문화는 인간의 정신 활동의 소산'이며, 또한 '인간은 문화를 지니고 있는 동물이다'라는 생각이 학회의 정설이었기 때문에 원숭이 사회에 문화가 있다는 것은 넌센스 이외의 아무것도 아닌, 젊은이의 허튼소리로밖에 받아들여지지 않았던 것이다.

우리는 그에 굴하지 않고 고구마나 보리를 씻는 행동 등 고지마의 원숭이가 시작한 새로운 행동 유형뿐만 아니라 일본원숭이의 새로운 먹이 획득이나 식성에 대한 논문을 완성해 발표했다. 그러나 세계 학회의 반응은 냉담했고, 그 후 몇 년이 지나서야 가까스로 그 가치를 인정받아 큰 화제가 되었다. 그런 점에서는 일본 연구자의 독창성이 세계의 학회에 몇 년 앞서 있었던 것이 된다(《진화의 이웃—원숭이와의 대화》, 每日新聞社, 1992).

'문화'라는 말을 원숭이 사회에 적용함으로써 전혀 새로운 시야가 열렸다. 이것은 19세기 후반에 문화인류학이 서양의 식민지 주민 사회에도 '문화'라는 말을 적용하게 되면서 서양 '문화'와는 별개의 '문화' 세계를 발견하게 된 것과 공통된다.

그렇다면 왜 일본의 원숭이학자들은 이런 획기적인 발견을 하게 되었을까. 고지마에서 원숭이의 '문화'를 발견한 지 얼마 안 되었을 때 발견자 중 한 사람인 가와무라 슌조가 〈인간 이전의 컬처—야생 일본원숭이를 중심으로〉라는 논문 첫머리에서 이렇게 쓰고 있다.

저명한 유인원 연구자인 여키스는 침팬지에 컬처가 있다는 것을 인정하고 있다. 그의 실험 콜로니[55] 속의 원숭이들 사이에 수도의 버튼 사용이 만연되어 있었던 것을 예로 들고 있다(《자연》, 中央公論社, 1956년 11월호).

또한 가와무라는 미국의 문화인류학자 린턴Ralph Linton(1893~1953)[56]이나 클럭혼Clyde Kluckhohn(1905~1960)[57]의 '컬처'에 대한 정의를 인용하며 인간뿐만 아니라 원숭이와 관련해서도 '컬처'를 생각하는 것의 정당성을 호소했다. 린턴이나 클럭혼은 보아스 이래의 미국 문화인류학의 '문화상대주의' 연구자이다. 유인원 연구자인 여키스Robert M. Yerkes(1876~1956)[58]도 그 영향하에 있었다. 즉 일본 원숭이학자의 발견에 앞서 미국에도 같은 발견이나 사고방식이 이미 존재했다고 이 일본의 첫 번째 발견자 스스로가 인정하고 있는 것이다.

가와무라의 이 논문이 게재된 잡지 다음 호는 원숭이학에 대한 특집을 싣고 있다. 그 속에서 심리학자인 오사카 료지苧坂良二(1918년 출생)는 〈문화라는 개념〉이라는 제목하에 "문화라는 개념의 사용과 관련해 문제를 느끼게 됩니다"라고 말문을 연 뒤 이렇게 기술하고 있다.

광의의 컬처 개념을 최근의 문화인류학자들이 자주 사용하고 있습니다. 그것이 나쁘다면 오히려 책임은 문화인류학에 있습니다.

…… 협의의 컬처 개념은 예전의 문화사회학자나 문화철학자가 사용하고 있는 듯합니다. 예컨대 A.웨버는 창조를 중심으로 한 정신적 표현으로서, 플레하노프는 이데올로기를 중핵으로 하여, 다카야마高山[龍三] 씨는 문화 형식과 생활 형식의 구별을 명확하게 논하고 있습니다. 이런 고전적인 엄밀함에서 보면 원숭이의 컬처 따위는 가소롭다고 할지도 모릅니다(《자연》 1956년 12월호).

여기서 필자는 광의와 협의의 두 컬처 개념을 거론하고 있는데, 이것은 앞에서 내가 언급한 베네딕트를 둘러싸고 '문화' 개념이 둘로 나뉘어 대립하고 있었던 것과 같다. 이 필자는 고전적인 '문화' 개념 쪽에 가담하고 있는 것 같은데, 일본의 원숭이학이 시작된 당초부터 심한 저항을 받은 것도 이 일파로부터였다. 그것은 가와이 마사오가 앞의 인용문에서 '문화는 인간의 정신 활동의 소산'이라고 생각하는 '학회의 정설'과 부딪혀 고심했다고 말한 그대로이다.

또 하나의 '문화'

가와무라 슌조는 자신들의 발견에는 선도자가 있었다고 말하고 있지만, 여키스의 경우는 실험실 내에서의 일이고 가와무라 등은

야생 원숭이를 관찰한 것이기 때문에 역시 다르다. 일본의 원숭이학자 쪽이 원숭이의 '문화' 의 성립을 좀 더 순수한 형태로 발견했다고 할 수 있을 것이다. 또한 세계의 학회를 향해 적극적으로 그것을 주장하고 저항에 부딪혔으면서도 마침내 인정하게 만들었다는 경과도 중요하다. 가와무라가 이 논문의 첫머리에서 여키스의 이름을 거론한 것도 서양 선각자의 존재로 자신들의 주장을 변호하려는 의도에서 비롯되었을 것이고, 또 그만큼 강한 저항에 직면하고 있었기 때문이라고도 해석된다.

일본 원숭이학자의 원숭이 '문화' 발견은 분명히 선행하는 미국 문화인류학자의 '문화' 관에 힘입고 있었다. 그리고 그 상대주의적 '문화' 관을 말하자면 하나의 극한까지 캐물어 일본 원숭이학을 세계의 학회의 최첨단에 서게 만들었던 것이다. 오늘날 일본의 원숭이학자는 원숭이를 한 마리 두 마리가 아니라 한 명 두 명으로 세고, 원숭이의 '문화' 와 사람의 '문화' 에는 본질적인 차이는 없고 정도의 차이가 있을 뿐이라고 말할 정도이다. 여기에서 '문화' 의 전망이 새로 열리고 있다.

이러한 일본 원숭이학의 성과에는 서양의 '문화' 와는 다른 일본 '문화' 의 탓도 있는 것 같다.

일본 원숭이학의 아버지로 일컬어지는 이마니시 긴지今西錦司 (1902~1992)는 다치바나 다카시立花隆(1940년 출생)[59]와의 대담에서 이렇게 말하고 있다.

구미의 학문은 인간이라는 것을 동물에서 분리하고 있지요. 인간에게는 의식이 있지만 동물에는 없다고 하면서요. 그리고 인간은 신의 은총을 받았다고 하지요. 이것은 기독교가 제멋대로 그런 말을 하고 있는 것일 뿐이고, 우리는 그런 것과는 관계가 없습니다(立花隆,《원숭이학의 현재》, 平凡社, 1991).

확실히 기독교에서는 그렇게 가르치고 있다.《구약성서》의〈창세기〉는 신이 인간을 창조할 때 그것을 마무리지으면서 신의 숨결을 넣어 영혼을 주었지만 인간 이외의 동물을 만들 때에는 숨결을 불어넣지 않았다고 한다. 여기에는 농업 '문화'와는 다른 목축 '문화'의 특징이 반영되어 있는 것 같다. 기독교는 목축 '문화'권의 종교라는 것이다. 하지만 일본뿐만 아니라 아시아에는 인간과 동물을 엄격히 구별하지 않는 '문화'가 많은 것 같다.

일본 원숭이학의 특징적인 방법으로 먹이를 주어 길들이는 것이라든가 개체 식별이라는 것이 있다. 원숭이학의 일인자인 이타니 준이치로伊谷純一郎(1926~2001) 역시 앞에서 인용한 다치바나의 책에서 이렇게 말하고 있다.

문 이름은 관찰자가 마음대로 붙입니까?
답 그렇습니다. 나는 처음에는 아카킨이라든가 히요시마루라든가 그 원숭이의 특징을 포착해 붙이거나 순간적인 이미지로 명명하거나 했습니다. 그런데 그런 이름만 붙이고 있자니 왠지 장난치고 있는 것 같고 이래서는 사이언스가 되지 않는 것은 아닐까 하는 생각이 들어 1수 컷, 2수컷……, 이런 식으로 기호화해 봤습니다만, 이것은 실패였습니다. 역시 개체의 이름은 이름다운 이름이 아니면 실감이 나지 않고 개성의 영역으로 들어갈 수 없습니다.

이것은 일본적이라기보다 동양적인 발상으로 원숭이가 인간의 동료가 될 수 있는 '문화'의 전통이 여기에 살아 있는 것 같다.

원숭이의 '문화'에 대한 고찰이 우리들에게 보여 준 전망의 성과 중 하나는 가와이 마사오의 《삼림이 원숭이를 낳았다—원죄의 자연지誌》(平凡社, 1979)에서 이야기되고 있다. 원숭이에서 사람으로, 왠지 으스스한 이야기이다.

옛날에 삼림으로 들어온 원숭이는 먹을 것이 풍부하고 천적이 없는 이 좋은 환경 속에서 동물이 예전에 알지 못했던 자유로운 시간과 자유롭게 행동할 수 있는 공간을 갖게 되었다. 그 결과 도구 등의 '문화'를 만들어 내지만 동시에 또한 자유로운 '문화'에 대한 응보도 받게 된다. 아이들이 너무 많이 생기고 동료도 너무 늘어난다. 그리고 동료들끼리 서로 죽이기 시작한다. 보통 동물은 동료들끼리 싸워도 상대가 항복 의사를 표시하면 공격을 멈추는데, 원숭이끼리는 필요 이상으로 상대를 공격하고 죽인다. 이 살육은 결과적으로 원숭이족의 개체 수(동료의 수)를 조절하는 역할을 하고 있다. 이를 가리켜 가와이 마사오는 '원죄'라고 부른다.

'문화culture'는 본래 '자연nature'과 대립한다. 자연을 거역하고

'문화'의 세계에 발을 들여놓은 동물, 즉 원숭이와 인간은 '문화'와 더불어 '원죄'도 짊어지게 되었다는 것이다.

일찍이 Kultur는 인간 정신이 만들어 낸 특권적인 세계를 가리키는 말이었다. 이윽고 타일러 이후 서양 이외의 식민지 사람들이나 사회를 culture라든가 civilization이라는 말로 파악하게 되어 서양보다 열등하기는 하지만 서양과는 다른 세계가 이해되기에 이르렀다. 그리고 보아스나 베네딕트 이후 그 culture의 개념이 변혁되어 서양과는 다른, 서양과 대등한 세계가 이해되기에 이르렀다. 이 culture관을 받아들여 바로 그 '컬처'라는 개념에 의거하고, 더 나아가 그 개념을 끝까지 캐물은 끝에 일본의 원숭이학자들은 인간들과 다른, 그리고 본질적으로는 대등한 또 하나의 '문화'의 세계를 발견했다.

❖

마치며─'문화'의 미래

우리 일본인은 오늘날 특히 '문화'나 '일본 문화'에 관심이 많다는 말을 자주 듣는다. 대학에서도 '국제 문화' 등 '문화'라는 이름이 붙여진 학과나 강좌가 흔히 눈에 띄고 교토京都에 있는 '국제일본문화연구센터'는 시설을 정비한 뒤 국내외로부터 많은 연구자를 불러 모아 왕성한 활동을 펼치고 있다. 비즈니스에 종사하는 사람들도 특히 국제적인 무대에서 일을 하는 사람일수록 서양 문화나 일본 문화를 자주 의식하며 화제로 삼고 있는 것 같다.

그런데 이러한 '문화'론의 시대 속에서 필자가 이 책에서 특별히 말하고 싶었던 것은 우리가 사용하는 '문화'라는 말이 근대 이후 서양어에서 온 번역어라는 점이다. 그렇다면 예컨대 '일본 문화'라고 하면 기기記紀,[60] 만요슈萬葉集[61]나 꽃꽂이, 하이카이俳諧[62] 등을 갖고 설명하기 시작하는 경우가 많지만 근대 이전의 일본인이 그러한 사상事象을 '문화'라는 말로 표현한 적은 결코 없었을 것이다. 말이 없었다는 것은 그러한 개념, 관점이 존재하지 않았다는 것이다.

'문화'라는 말은 인간의 일의 성과를 총체적으로 문제 삼는 어떤 관점을 제공해 주었다. 현대라는 시대가 그러한 말을 요구했다고도 할 수 있을 것이다. 또한 '문화'라는 말이 우리에게 그런 전향적인 자세를 요구하고 있다고도 할 수 있을 것이다.

'문화' 상대주의는 오늘날의 '문화'론의 중요한 귀결이다. 그러나 이 사고방식도 앞으로 변할 수 있는 것이 아닐까. 예컨대 일본의 대학, 저널리즘을 불문하고 '국제 문화'라는 말이 자주 사용되고 있는데, 이것은 일본인이 발명한 숙어로 잘 생각해 보면 재미있는 말이다. 전문 연구자들은 international culture라는 것은 존재하지 않는다고 생각하고 있고, 실제로 그런 말도 없다. 국제 정치, 국제 경제, 국제 사회 등은 있어도 '국제 문화'는 존재하지 않는다고 여겨져 왔다.

하지만 그것은 장차 만들어지지 않을까. 일본인이 아마도 무의식적으로 발명해 버렸을 이 말이 '문화'의 미래를 암시하고 있지는 않을까.

옮긴이의 글

이 책은 일본 삼성당三省堂에서 기획 출판한 〈한 단어 사전―語の
辭典〉전 20권 중 한 권인 야나부 아키라柳父章의 《文化》(1995)를 번
역한 것이다.

저자인 야나부 아키라 씨는 1928년 도쿄 출생으로 도쿄대학 교
양학부 교양학과를 졸업하고, 릿쿄立教대학 등의 강사를 거쳐 모
모야마가쿠인桃山學院대학 교수로 재직하다 은퇴했다. 일본의 번
역·번역어 연구에 있어 대표적인 학자이다. 첫 저서인 《번역어의
논리―언어에서 보는 일본 문화의 구조》(1972)를 시작으로 번역·
번역어와 관련된 19권의 저서와 다수의 논문을 저술했다.

저자의 학문적 성과는 그가 1987년 수상한 제14회 야마자키山崎
상의 선정 이유를 통해 엿볼 수 있다.

……야나부 씨는 이러한 '번역 문화'로서의 일본의 학문·사상의 기본
성격을 '번역어'의 성립 과정을 실마리로 해 밝히는 작업에 종사해 왔
다. 그 작업은 단순히 일본에서 '번역어'의 성립 과정과 그 문제점을

규명하는 데 머물지 않고, '번역어'를 매개로 수용된 이문화가 그것을 수용한 문화의 콘텍스트 속에서 어떤 역할을 했는지 그 양상을 해명하는 형태로 이루어져 왔다. 그 작업은 본래 '번역'이란 대체 무엇을 의미하는가를 근본적으로 묻는 '문명비평'의 절차이다.

저자는 또한 '카세트 효과론'이라는 독특한 번역론을 제시한 것으로도 유명하다. 카세트cassette란 프랑스어로 보석함을 뜻하는 말로, 번역어의 정착에는 사람들이 마치 보석함을 봤을 때와 동일한 심리가 작용한다는 내용이다. 즉 번역어를 대할 때 처음에는 의미나 가치와 상관없이 그 안에 뭔가 심오한 것이 들어 있을 것이라는 막연한 기대감을 갖고 쓰기 시작하고, 그 후에 점차 깊은 의미가 담겨지게 된다는 것이다. 이 '카세트 효과론'은 많은 연구자들의 공감을 이끌어 낸 이론이다.

이처럼 이 책은 다년간 번역어와 그를 둘러싼 비교문화 연구에 종사해 온 저자의 학문적 축적이 잘 녹아 있는 성과 중 하나라고 할 수 있다. 이 책은 현대 사회에서 점점 더 가치를 높이고 있는 '문화'라는 단어의 태생과 성장, 미래, 즉 '문화'의 일대기를 다루고 있다. 시간적으로는 근대에서 현대까지, 공간적으로는 중국, 서구, 미국, 일본을 넘나들며 종횡무진 '단어'의 숲을 헤치고 다닌다.

현대 일본에서 사용하는 '문화'라는 단어는 다이쇼 시기에 독일어 쿨투어Kultur의 번역어로서 성립했다. 그러나 그 '문화'라는 단어의 이력은 그리 단순하지 않다. 다이쇼 시기 이전에도 이미 '문화'라는 단어는 존재하고 있었고 그 연원은 중국 고전에 있다. 중국 고전에서 '문화'란 '문치교화文治教化'를 의미했고, '형벌·위력에 의한 교화'에 상반되는 정치이념이었다. 즉 '무'에 대비되는 '문'의 함의를 기본으로 하는 개념이었다. 이런 '문화'는 근대 초 수용된 civilization의 번역어 '문명'과 종종 혼용되었다.

　이것이 '문화'의 중국 전래의 전통적 의미라면, 다이쇼 시기에 성립한 독일어 쿨투어의 번역어로서의 '문화'는, 서구에서 쿨투어가 프랑스의 시빌리자시옹civilisation과 대립하고 있던 문맥을 그대로 반영하고 있다. 즉 "문명은 물질 문명, 문화는 정신 문화라는 의미에서 항상 문화는 뭔가 문명보다 높은 것이라는 사고", 바로 현재 우리에게도 친숙한 개념으로 전개되었던 것이다. 이러한 쿨투어에서 온 '문화'는 다이쇼 교양주의의 풍조와 맞물려 지식인들 사이에 널리 퍼져 갔으며, '문화 주택' '문화 냄비' '문화 만주' 등의 명칭으로 일상생활로도 파고들었다. 그러나 쿨투어의 번역어로서의 '문화'에도 중국 전래의 전통적인 의미가 늘 혼재해 있었음을 저자는 잊지 않고 지적한다.

　바로 이 다이쇼 시기의 '문화'인이 패전 후 일본의 '문화' 국가 건설론의 주창자들이 된다. 그런데 패전 후 곧바로 등장한 루스 베네딕트의 불후의 일본 '문화' 론인《국화와 칼》은 지금껏 일본에 영향을 주어 온 서구의 '문화' 관과는 또 다른 미국의 '문화' 관을 이식하는 계기가 되었다. 바로 문화상대주의의 입장이다. 일본에서《국화와 칼》에 대한 반응은 지지와 비판으로 의견이 갈렸지만, 양쪽 모두 베네딕트의 일본 문화론이 일본 문화를 비하하고 있다고 받아들인 점에서는 공통된다고 저자는 지적한다. 즉 베네딕트가 어느 문화나 각기 독립적인 동등한 가치를 갖는 것임을 전제하고 논의한 일본 문화론에 대해, 일본인들은 문화에 상·하가 있음을 전제하고 베네딕트의 일본 문화론을 읽었다는 것이다. 개념에 대한 인식 차이가 빚어낼 수 있는 갈등의 사례를 날카롭게 집어낸 것이다.

'문화'는 이제 일본의 원숭이학이 보여주듯이 인간을 넘어 동물 사회로도 확대되고, 한 국가를 넘어 '국제'로 뻗어 간다. '문화'라는 단어의 미래는 앞으로도 외연을 확장해 갈 가능성 앞에 놓여 있는 것이다.

이 책은 우리에게 너무나 익숙한 '문화'라는 단어의 내력과 미래에 관한 이야기이다. '문화'와 개념사 일반에 관심이 있는 분들에게 일독을 권한다. 개념사를 풀어가는 방법론 면에서도 이 책은 배울 점이 많다. 아울러 '문화' 개념의 연원인 서구의 '문명·문화'의 개념사를 다룬《코젤렉의 개념사 사전1. 문명과 문화》(안삼환 옮김, 푸른역사, 2010)과 함께 읽으면 독자의 이해를 한층 풍부하게 해주리라고 생각된다.

마지막으로 이 번역은 한림대학교 한림과학원 인문한국사업 〈동아시아 기본개념의 상호소통사업〉의 일환으로 이루어졌다. 번역의 기회를 주신 한림과학원에 감사를 드린다. 또한 꼼꼼한 교정·윤문 작업의 수고를 마다하지 않으신 푸른역사 편집부에도 감사드린다.

2013년 3월

박양신

주석

1 쇼와 시기의 황족·군인. 구니노미야 아사히코久邇宮朝彦 친왕의 아홉째 아들
로 태어났고 메이지 천황의 제9황녀와 결혼했다. 육군의 각종 요직을 거치고,
패전 직후인 1945년 8월 17일 처음이자 마지막으로 황족 내각을 구성해 제43
대 수상에 취임했다. 포츠담선언의 조인, 군대 해체, 민주화 등 패전 처리를 맡
아 수행했으나 국체호지國體護持(천황제 유지)를 지상 명령으로 치안유지법 등
전시 중의 탄압 법규를 강화했다. 이것이 연합군 총사령부GHQ의 방침과 충돌
해 10월 초 총사임했다.

2 정치가. 도쿄제국대학 졸업 후 내무성에서 근무했으며, 후에 《아사히신문》 논
설위원을 거쳐 히가시쿠니 내각의 문부대신으로 취임했다. 시데하라幣原 내각
때에도 유임되었지만 공직 추방을 당했다.

3 쇼와 천황의 신일본 건설에 관한 조서이다. 조서 후반부에 천황이 현인신現人神
임을 부정한 부분이 나오는 데서 유래해 '인간 선언' 으로 통칭되기에 이르렀다.

4 1868년 3월 14일 메이지 천황이 발표한 유신 정권의 기본 방침이다. "널리 논의
를 일으키고 천하의 정치는 공론으로 결정한다", "상하의 민심을 하나로 통합
해 경륜을 실행한다" 등 5개조의 조문을 담고 있다.

5 정치학자·정치가. 1914년부터 와세다대학 교수로 재직했다. 1917년 아사히신
문사에 입사하나 이듬해에 필화 사건인 핫코白虹 사건으로 사직한다. 1919년
잡지 《아등我等》을 창간하고 레이메이카이黎明會에 참가하는 등 데모크라시

사상의 보급을 꾀하고, 1920년대 중반 이후 전개된 무산 정당 운동에 적극적으로 관여했다. 1930년 노농당 후보로 중의원 의원에 당선되고, 만주사변 발발 후 미국으로 망명한다. 1947년 귀국해 와세다대학으로 복귀하고, 1950년 참의원 의원에 당선되었다.

6 사회학자. 도쿄제국대학 조교수였으나 논문 〈크로포트킨의 사회사상 연구〉가 위험 사상으로 지목되어 휴직하고 금고 3개월형을 받아 복역했다. 출옥 후 오하라大原사회문제연구소 연구원으로 사회사상 연구를 하고, 이 연구소 상무이사, 소장 대리 등 경영을 맡았다. 패전 후 일본사회당에 입당, 우파의 이론적 중심이 된다. 1946년 이후 중의원 의원 3회 당선, 1947~1948년 가타야마片山 내각, 아시다芦田 내각의 문부대신을 지냈다.

7 철학자·과학사가. 1931~1932년 헤겔 연구를 위해 독일에 유학한 뒤 일본사상사, 일본과학기술사를 연구했다. 요코하마시립대학 교수, 일본과학사학회 회장 등을 역임했다.

8 문예평론가. 1920년대 중엽부터 마르크스주의 문예평론가로서 활약했다. 1928년 전일본무산자예술연맹(나프) 결성에 힘썼으며, 평론집《예술론》은 프롤레타리아 문학 운동의 이론적 중심이 되었다. 2차 세계대전 패전 후 민주주의 문학 운동의 이론가로서 활약하는 동시에 일본공산당 중앙위원·문화부장으로 활동했다.

9 법학자·사회정책학자. 유럽 유학 후 규슈대학 교수로 재직하다가 그만두고 마르크스주의 이론가로 활약했다. 1932년 일본공산당에 입당해 정보선전부장 등을 지내다 두 차례에 걸쳐 투옥되었다. 패전 후 중의원 의원에 2회 당선(1949~1952)되었으며 변호사로도 활동했다.

10 평론가. 1939년 〈정치와 문학〉을《중앙공론》에 발표해 주목받고 그 잡지에 문예 시평을 썼다. 패전 후에는 신일본문학회 서기장을 지내고 민주주의 문학 운동을 추진하는 데 공헌했다.

11 1945년 10월 말 도쿄대학 교수 다카노 이와사부로高野岩三郎를 중심으로 조

직된 민간 헌법 연구 단체이다. 여기에 스즈키 야스로鈴木安藏, 바바 쓰네고馬場恒吾, 스기모리 고지로杉森孝次郎, 모리토 다쓰오森戶辰男, 이와부치 다쓰오岩淵辰雄, 무로후세 고신室伏高信이 참여했다. 1945년 12월 26일 〈헌법 초안 요강〉을 발표했는데, 이것이 'GHQ 헌법 초안'에 영향을 준 것으로 알려져 있다.

[12] 1804~1817년. 문화 연간과 그 뒤를 이은 분세이文政(1818~1829) 연간은 서민 문화가 크게 발전한 시기이기도 하다. 이 시기에 꽃핀 문화를 문화사적으로 '가세이化政 문화'라고 한다.

[13] 독일의 문화철학자·역사학자. 할레대학에서 박사 학위를 받은 뒤 고등학교 교사로 재직하다가 사직하고는 저술하고 사색하며 살아갔다. 그의 저작인《서구의 몰락》은 당시의 유럽 중심 사관, 문명관을 통렬하게 비판한 것으로 철학, 역사학, 문화학, 예술 등 다방면에 영향을 주었다.

[14] 영국의 역사학자·문명비평가. 런던대학 킹스칼리지 교수를 역임했다. 투키디데스를 강의하던 중 그리스사와 현대사 사이에 현저한 유사성이 존재함을 깨닫고 비교문명적 세계사상을 구축했다. 저서로는《역사의 연구》12권(1934~1961) 외에《시련의 문명》,《세계와 서구》,《헬레니즘: 문명의 역사》(1959) 등이 있다.

[15] 메이지 시기 대표적인 계몽사상가·교육자·저널리스트. 막부 말기에 1860년, 1862년, 1867년 세 차례에 걸쳐 서양을 견문하고《서양사정》초편, 외편, 이편을 저술해 베스트셀러를 기록했다. 양학 지식인들의 단체인 메이로쿠샤明六社에 참여했으며, 게이오대학을 설립하고《시사신보》를 창간했다.

[16] 빅토르 미라보Victor Riqueti, marquis de Mirabeau(1715~1789). 중농주의 경제학파의 선구를 이룬 경제학자이다.

[17] 나폴레옹 실각 후 부르봉 왕조가 부활하자 자유주의를 주장하다가 대학에서 추방당했다. 그 뒤 관료 생활을 하다가 1830년 7월혁명 이후 내무부장관, 교육부장관, 외교관 등을 지내고 1847년 수상에 취임했으나 1848년 2월혁명으로

파면당했다.

[18] 기조의《유럽문명사》는 메이지 초기에 정부의 번역국 주도로 무로타 아쓰미室田充美에 의해《서양개화사西洋開化史》상·하(印書局, 1875)로 번역되었고, 민간에서도 나가미네 히데키永峰秀樹에 의해《유럽문명사歐羅巴文明史》(奎章閣, 1877)로 번역되었다. 이 책은 버클H. T. Buckle의《영국문명사》와 더불어 당시 도쿄대학, 게이오기주쿠慶應義塾 등에서 교재로 사용되는 등 식자층에 널리 읽히면서 메이지 시기의 일본에서 문명 개념이 형성되는 데 큰 영향을 미쳤다.

[19] 소설가·평론가·영문학자. 영국 유학 후 도쿄제국대학 교수로 재직하던 중 1905년에《나는 고양이로소이다》를 발표하며 등단한다. 1907년에 도쿄대학을 그만두고 아사히신문사에 입사해 신문 소설을 연재하는 등 작가의 길을 걸었다. 모리 오가이森鷗外와 더불어 메이지·다이쇼 시기의 문호로 불린다.

[20] 메이지 시기의 관료·계몽사상가, 교육가. 1862년 쓰다 마미치津田眞道와 함께 최초의 국비 유학생으로 네덜란드에 유학했다. 메이지 정부에 출사해 여러 부서의 관료를 역임하는 한편, 양학자들과 메이로쿠샤를 결성했고 계몽사상가로서 서양 철학을 번역하고 소개하는 등 철학의 기초를 쌓는 데 힘썼다.

[21] 에도 시대의 도시 거주 상인과 수공업자를 의미하며 도시민을 지칭한다.

[22] 1863년에 설치된 에도 막부의 양학 교육·연구 기관이다. 개국 후 1855년 막부가 설치한 양학소洋學所가 번서조소蕃書調所, 양서조소洋書調所를 거쳐 1863년 개성소로 개칭된 것이다. 서양 학문을 교육했으며, 번역 사업이나 외국과의 외교 절충도 담당했다. 메이지 정부가 수립된 뒤 1868년에 '개성학교'로 거듭나고, 1877년에 '의학교'와 통합되어 도쿄대학이 된다.

[23] 부르크하르트는 스위스의 문화사가·미술사가이다. 바젤대학에서 역사, 미술사를 강의했으며, 같은 대학에서 고전문헌학을 강의하던 철학자 니체와 친교를 쌓으며 니체가 관심을 세계사로 돌리는 데 영향을 주었다. 다수의 저서가 있으나 여기에 언급된, 그를 유명하게 만들어 준 저서는《이탈리아 르네상스의 문화Die Kultur der Renaissance in Italien》(1860)를 지칭한다. 이에 대해서는 나중

에 본문에서 언급한다.

24 일본 최초의 근대적 국어사전이다. 오쓰키의 사후 1932년에 개정증보판인《대언해大言海》가 출간되었다.

25 메이지 시기의 국학자. 신도神道사무국의 교수, 후에 수사관修史館에 근무했다.

26 1922년부터 독일에 유학해 마르크스주의에 접하고 하이데거의 영향으로 '해석학'의 방법을 받아들였다. 귀국 후 호세이法政대학 교수로 있으면서 마르크스주의 철학자로서 이름을 알리게 된다. 1930년 공산당의 동조자라는 혐의를 받아 치안유지법 위반 혐의로 검거되고, 이후 실존주의와 종교에 관심을 가진다. 1945년 다시 치안유지법 위반으로 검거된 뒤 패전 직후인 9월 옥사했다.

27 도쿄제국대학 철학과 교수로 서양 철학사 연구, 칸트 철학의 이식·보급에 공헌했다. 그의 학풍은 인식론적 합리주의의 입장을 취하고 있었으며, 문화주의를 제창해 다이쇼 시기의 사조 형성에 영향을 주었다.

28 19세기 후반에서 20세기 전반에 걸쳐 독일에서 발흥한 칸트적 인식론의 부흥운동 및 그 학파를 말한다. 당시 서구를 휩쓸고 있던 무규범적인 과학적 사유—실증주의, 유물론 등—에 대항해 일어났다. 이들은 칸트에서 배워 선험적 도덕률의 수립과 정신·문화적 가치의 복권을 시도하고자 했다. 일본에서는 1900년대 말부터 다이쇼 시기에 걸쳐 구와키 겐요쿠桑木嚴翼, 소다 기이치로左右田喜一郎 등에 의해 본격적으로 수용된 뒤 그 시대의 문화주의적 풍조와 호응해 한동안 아카데미 철학의 주류를 형성했다.

29 러시아 출생으로 피아노를 전공해 모스크바 음악원을 졸업했으나 독일로 건너가 전공을 바꿔 예나대학에서 철학 전공으로 박사 학위를 받았다. 이후 베를린대학, 하이델베르크대학 등에서 강의하다가 1893년에 일본으로 건너가 1914년까지 21년간 도쿄대학에서 철학과 서양 고전학을 강의했다.

30 번역가·시인. 유럽문학, 특히 프랑스 고답파, 상징파의 소개자로서 공적이 크다. 자연주의 문학에 대해 '탐미파'의 입장에 선 것으로 주목받았다.

31 철학자. 독일 유학을 한 뒤 1917년 교토제국대학 교수가 되어 종교학을 담당했다. 철학사와 종교철학이 주요 전공이며, 다이쇼 시기 이후에는 종교철학으로 연구의 중점을 옮겨 종교철학의 기초를 다졌다.

32 철학자·미학자. 게이오대학, 니혼日本여자대학, 도호쿠東北대학 등의 교수를 지냈다. 《산타로三太郎의 일기》, 《인격주의》 등의 저자로 유명하며, 개인주의적 이상주의는 그의 생애를 관통하는 기조였다.

33 윤리학자·문화사가. 교토대학 교수를 거쳐 1934년부터 도쿄대학 교수로 일했다. 니체를 비롯한 서양 철학 연구에서 시작해 점차 일본의 고미술, 고대문화로 관심을 넓혀 갔다. 1925년 교토대학 문학부에서 윤리학 강좌를 담당하게 되면서 윤리학 연구에 종사해 '인간의 학'으로서의 윤리학 이론을 수립했다. 그의 윤리학은 동양 문화의 전통적 특성을 밝힌 것으로 평가된다.

34 자연주의 논쟁은 러일전쟁 이후 일본 문학의 주류를 형성하게 된 자연주의 문학의 성격을 둘러싸고 전개된 논쟁이다. 논쟁은 자연주의를 '과학적 결정론적인 사상'(자기 부정적 경향)과 '자기 확충의 사상'(자기 주장적 경향) 중 어느 쪽에 중점을 두어 이해할 것인가를 중심으로 전개되었다. '자연' 개념을 둘러싼 논쟁과 관련해서는 저자인 야나부 아키라가 자신의 저서인 《飜譯の思想—自然と nature》(平凡社, 1977)에서 자세히 고찰하고 있으며, 저자의 한국어 번역서인 《번역어 성립》(김옥희 옮김, 마음산책, 2011) 제7장 〈자연〉 장도 참고가 된다.

35 취사용으로 사용하는 냄비로 양쪽에 손잡이가 있고 뚜껑이 냄비 윗부분의 가장자리보다 깊숙이 아래로 덮이도록 주조되어 있어 취사 중 밥물이 넘쳐도 냄비 아래로 흘러내리지 않게 되어 있다. 이 명칭과 실물은 현재도 존재한다.

36 '만주'는 밀가루로 거죽을 만들고 안에 팥소 등을 넣어 찌거나 구워 만든 일본 과자이다. '문화 만주'는 당시 나고야名古屋시 사카에榮 소재 미쓰코시三越백화점 내 점포에서 판매했다고 한다.

37 생활 문제 연구가. 홋카이도제국대학 교수를 역임했다. 1920년 문화생활연구회를 조직하고 월간지 《문화 생활》을 발행했다. 1926년 최신식 집합 주택인 문

화 아파트먼트를 개관했으며, 1927년에는 여자문화고등학원을 설립했다.

38 목조 임대 아파트를 가리킨다.

39 '문화' 의 일본 음.

40 고등학교령(1894년과 1918년)에 의해 설치되어 1950년까지 존속했던 고등교육
기관을 지칭한다. 교육 내용은 현재 일본 대학의 교양 과정에 상당하며, 제국대
학 진학을 위한 예비 교육을 행하는 고등교육 기관으로서의 성격을 지니고 있
었다. 구제 고등학교의 정원은 제국대학의 정원 수와 1대 1의 비율로 정해져 고
등학교 졸업증만 있으면 전공을 가리지 않는 한 제국대학에 입학할 수 있었다.
대학 입시의 부담이 상대적으로 적었던 만큼 학생들 사이에 독서에 의한 인격
형성을 목표로 하는 교양주의의 경향이 존재했다. 서양 철학, 특히 독일 관념론
이 유행하고 칸트의《순수이성비판》이나 니시다 기타로西田幾多郎의《선善의
연구》등의 철학서, 괴테 등의 문예서가 필독서였다고 한다.

41 독일의 사회학자. 사회유기체설과 사회계약론을 결합한 이론을 전개했다. 뒤
빙겐대학에서 고전언어학으로 박사 학위를 받고, 1881년부터 킬대학에서 교수
를 지냈다. 1909~1933년에 독일사회학회 회장을 역임했다.

42 프랑스의 작가·시인·평론가. 다방면에 걸친 왕성한 저작 활동으로 제3공화정
을 대표하는 지성으로 알려져 있었다.

43 프랑스의 이상주의적 휴머니즘·평화주의·반파시즘의 작가. 1915년 노벨 문
학상을 수상했다.

44 독일의 소설가·평론가. 사상적인 깊이, 높은 식견, 연마된 언어 표현 등의 측
면에서 20세기 독일의 최고 작가로 알려져 있다. 1929년의 노벨 문학상을 비
롯, 괴테 상 등 다수의 상을 수상했다.

45 미국의 문화인류학자. 콜롬비아대학 교수를 역임했다. 1934년에 출간된《문화
의 유형》은 문화 상대주의를 제시한 책으로 유명하다.

46 릿교立教대학, 오사카대학, 도쿄대학 등의 교수 및 문화청장관을 역임했다. 현
재 아오야마青山학원대학 특임 교수이다.

⁴⁷ 영국의 문화인류학자. 문화인류학의 창시자. 처음으로 문화의 개념을 확립하고 문화의 비교연구를 가능케 했다. 인류 문화의 발전은 상승 진화의 역사라고 주장했으며, 그의 애니미즘을 중심으로 하는 원시종교 연구는 비교종교학의 발전을 촉진했다.

⁴⁸ 독일 태생의 미국 문화인류학자. 미국 인류학의 아버지로 1899~1942년에 컬럼비아대학 교수를 지냈다. 캐나다 에스키모, 북아메리카 인디언 문화를 연구해 상대주의적이고 문화 중심적인 인류학을 확립했다. 과학적 인류학을 제창하며 기존의 진화주의적 인류학을 비판했다.

⁴⁹ 미나모토씨源氏와 다이라씨平氏의 쟁란(1180~1185)에서 다이라씨를 받들고 있던 구마가이가 1180년에 이시바시야마石橋山 전투를 계기로 미나모토씨 측으로 돌아 미나모토노 요리토모의 가신[御家人]이 된 사건을 말한다. 미나모토노 요리토모는 다이라씨를 평정하고 가마쿠라鎌倉 막부를 창설했다.

⁵⁰ 앞만 보며 돌진하는 멧돼지처럼 앞뒤 생각 없이 무턱대고 적진으로 돌진하는 무사를 가리킨다.

⁵¹ 전후에 근대적 가치를 중시하고 근대적 시민 사회와 개인의 형성에서 사회적 지향점을 찾는 일련의 지식인을 가리키며 '시민 사회파'로도 불린다. 이 근대주의자들의 공통점은 일본의 근대화와 그 성격 자체에 대한 강한 관심이다. 동시에 제도적 변혁으로서의 근대화뿐만 아니라 그 변혁을 담당하는 주체로서의 이른바 근대적 인간 확립의 문제에도 강한 관심을 보였다. 그리하여 전근대적 사회나 봉건적 인간 관계의 극복을 일차적으로 주요 과제로 제기했다.

⁵² 미국에서 태어난 일본계 미국인으로 스탠포드대학 인류학과 명예 교수이다.

⁵³ 평론가·철학자·대중 문화 연구가. 하버드대학에서 철학을 전공하고, 교토대학, 도쿄공업대학, 도시샤同志社대학의 교수를 역임했다.

⁵⁴ 일본의 전통 공연 예술이다. 배우는 남성뿐이며 중국의 경극과 마찬가지로 짙은 화장을 하는 것이 특징이다. 전용 극장인 가부키자歌舞伎座에서 공연된다.

⁵⁵ 동종 혹은 이종의 동식물이 일정 지역에 다수 모여 생활하고 있는 상태 또는

그 집단.

56 위스콘신대학, 컬럼비아대학, 예일대학의 교수를 지냈다. 인류학과 심리학 및 사회학 이론을 종합한 《인간 연구*The Study of Man*》(1936)는 그의 가장 중요한 이론서로 꼽힌다.

57 하버드대학 교수를 지냈으며 나바호 인디언에 대한 민족지적 연구, 문화·부분 가치 체계, 문화 유형에 관한 이론 등으로 인류학에 기여했다.

58 미국의 심리학자. 동물심리학을 발전시킨 인물이다. 1924년 예일대학 심리학 교수로 임용된 뒤 침팬지를 비롯한 영장류 연구를 시작해 유인원에 관한 세계적 권위자가 되었다.

59 일본의 저널리스트·논픽션 작가·평론가.

60 일본에서 가장 오래된 사서인 《고사기古事記》(712)와 《일본서기日本書紀》(720).

61 8세기 중엽에 편찬된, 현존하는 일본 최고最古의 와카和歌집. 전 20권에 약 4,500수가 수록되어 있다.

62 에도 시대에 번성했던 일본 문학의 형식으로 5·7·5의 3구로 이뤄진 단가이다. 메이지 시대에 성립하는 하이쿠俳句의 원류이다.

찾아보기

한 단어
사전

한 단어 사전, 문화

⊙ 2013년 4월 27일 초판 1쇄 인쇄
⊙ 2013년 4월 29일 초판 1쇄 발행
⊙ 글쓴이   야나부 아키라
⊙ 기획   한림대학교 한림과학원
⊙ 옮긴이   박양신
⊙ 발행인   박혜숙
⊙ 책임편집   허태영
⊙ 디자인   조현주
⊙ 영업 · 제작   변재원
⊙ 펴낸곳 도서출판 푸른역사
   우 110-040 서울시 종로구 통의동 82
   전화: 02)720-8921(편집부) 02)720-8920(영업부)
   팩스: 02)720-9887
   전자우편: 2013history@naver.com
   등록: 1997년 2월 14일 제13-483호
ⓒ 한림대학교 한림과학원, 2013

ISBN   978-89-94079-86-8   93900
세트   978-89-94079-89-9   93900